学说
宁波话

钱 萌 编著

上海大学出版社

图书在版编目(CIP)数据

学说宁波话 / 钱萌编著. —上海：上海大学出版社，2021.8
　ISBN 978-7-5671-4282-4

Ⅰ. ①学… Ⅱ. ①钱… Ⅲ. ①吴语—口语—宁波—自学参考资料 Ⅳ. ①H173

中国版本图书馆 CIP 数据核字(2021)第 133974 号

责任编辑　黄晓彦
封面设计　缪炎栩
技术编辑　金　鑫　钱宇坤

学说宁波话

钱　萌　编著

上海大学出版社出版发行
(上海市上大路 99 号　邮政编码 200444)
(http://www.shupress.com　发行热线 021-66135112)
出版人：戴骏豪

*

江苏句容排印厂印刷　各地新华书店经销
开本 890×1240　1/32　印张 4.25　字数 106 000
2021 年 8 月第 1 版　2021 年 8 月第 1 次印刷
ISBN 978-7-5671-4282-4/H·387　定价：20.00 元

版权所有　侵权必究
如发现本书有印装质量问题请与印刷厂质量科联系
联系电话：0511-87871135

序

　　钱萌是宁波大学毕业的优秀生,后考入上海大学中文系,攻读汉语方言学的研究生,我是她的指导老师。读研期间,钱萌学习勤奋,是一名勤思索、善分析的优秀研究生。她的硕士论文是《宁波方言的语法》(2007),还发表过《宁波方言中的SOV句》等论文,对当代宁波方言的深入研究起了承上启下的作用。

　　钱萌编著的这本《学说宁波话》,记录的是当代宁波方言面貌,是一本学习宁波方言的通俗教材,又是一本当代宁波方言的鲜活的语料汇集。本书共20课,涵盖了宁波社会和生活的方方面面的词语、句子,还有谚语,每课课文内容都与宁波地方的生活场景和民俗紧密结合。该书是新到宁波来工作、生活的新宁波人和外国人学习宁波话、更好融入宁波民间的好教材,也是出生在宁波但不会说或说不好宁波话的人学好母语的好教材。该书在上海出版,也说明上海人民对过去来到上海的大量宁波人仍然一往关心,希望他们及他们的后代仍然不忘祖籍的宁波话,并弘扬宁波的民俗文化,把吴语海派文化发扬光大下去。

　　该书通篇课文都用"宁波方言拼音方案"注音,因此对于学习、朗读、研究宁波方言十分有利和方便,尤其值得注意的是,整个句子都是按照宁波话的实际发音,分开各个语音词,用宁波人说话的连读变调标注了句子的实际语音声韵调。钱萌的"宁波方言拼音方案",与我的"上海方言拼音方案"、石汝杰教授的"苏州方言拼音方案"在选

择字母代表语音音素上都是相对应的,原理上相通,与最近曹志耘教授主持的即将出版的汇集浙江12个地方方言的《浙江方言常用字典》上的"浙江方言拼音方案"相对应,总的来说是与普通话的《汉语拼音方案》相对应,也与赵元任在《现代吴语的研究》中的"吴语声母音类、音值全表"和"韵总目"相对应,所以学习和注音起来比较方便。我对钱萌这本书的主要帮助是在划分句子语音词连读变调分布上的把握方面。

期待有更多的学习方言和普及地方文化的读本问世。

钱乃荣
2021年4月20日于春申云起台

前　　言

　　如果说故乡是一个人的根的话,那么方言就是联系这个人与"根"的那根"茎"。乡音连接着乡情。作为一个土生土长的宁波人,研究生读的又是汉语方言学的研究,就很想为故乡做点什么,于是,就有了这么一本学宁波话的书。

　　宁波方言给人的第一感觉就是"硬",宁波话中的"石骨铁硬"一词生动地诠释了宁波方言的"硬朗",也像极了宁波人的个性。很多外地到宁波旅游的朋友,听宁波话大有听日语之感,不仅不懂其意,更难辨其音,从而闹出许多笑话。编写这本书的初衷是,让全国各地的人,哪怕是对宁波话一无所知的朋友,也可以按照本书的普通话与宁波话的对照,以及相应的"音标",快速听懂并掌握宁波话,达到与当地人交流与沟通的目的。

　　本书共20课,基本上涵盖了人们日常交际的方方面面,每一课都分为几个板块,如《迎送问候》一文中,就分为"见面致礼""迎接客人""送人出门""代劳致谢""请让和碰撞"五个板块,方便大家在各个场合的简单应用。同时,每一课后都会附上"常用词语""语法要点"以及"宁波老话链接",便于大家系统、全面地了解宁波方言。我们还专门配备了录音,来帮助矫正发音,更利于大家的对话与沟通。

　　语言是在不断地发展与变化的,随着时代的发展、普通话的普及、网络用语的大量出现、新词汇的融入,宁波话在日常使用中也发生了很大的变化,出现了许多新词新语,甚至很多语音语调与传统的

 学说宁波话

老派宁波话相比也发生了一些细微的变化,有些音发生了合并,有些音逐渐和普通话靠拢,本书基本上以新派宁波方言的语法和发音为主。我在附录中列了宁波话音系,便于大家了解和研究。

非常感谢我的恩师钱乃荣教授对我的帮助与鼓励。钱先生不仅在我读研期间,对我悉心教导、关心爱护,同时,在我写这本书稿的时候,给了我莫大的支持与帮助,细致耐心地帮我修正、补充……可以说,没有钱先生,就没有这本书。"师恩难忘",真的不是简单的一句话,而是铭记在心的一份没齿难忘的情怀。

也真诚感谢我的挚友谢科峰先生,冒着酷暑偕同我一起完成了这本书的录音,同时非常感谢我的亲友们的支持。

完成一本书就像孕育一个孩子,其中的甘苦自知。由于编者的经验不足,水平有限,本书的缺点和错误在所难免,还望读者不吝批评、指正,督促我不断提高。

作　者

2021年2月2日

目 录

宁波话的发音……………………………………………（ 1 ）
第一课　迎送问候…………………………………（ 6 ）
　　见面致礼(6)　　迎接客人(7)　　送人出门(8)
　　代劳致谢(8)　　请让和碰撞(9)
第二课　介绍认识…………………………………（13）
　　问人(13)　　熟悉地方(14)　　建立关系(15)
第三课　时间天气…………………………………（18）
　　问时间(18)　　问日期(19)　　问天气(20)
第四课　处所方位…………………………………（23）
　　问路(23)　　问地址(24)　　问公交(24)
第五课　起居家常…………………………………（27）
　　聊家常(27)　　日常起居(28)
第六课　餐饮烹调…………………………………（32）
　　菜场买菜(32)　　餐厅用餐(33)　　小吃(34)
第七课　服饰美容…………………………………（38）
　　在发廊(38)　　在美容院(39)　　淑女购物(40)
第八课　订房购屋…………………………………（45）
　　购房(45)　　租房(47)　　酒店订房(48)
第九课　出行交通…………………………………（52）
　　出租车上(52)　　买火车票(53)

1

第十课　邮电银行…………………………………………（56）
　　在邮局(56)　　快递服务(57)　　在银行(58)

第十一课　逛街购物…………………………………………（61）
　　逛天一广场(61)　　逛商场(62)

第十二课　走亲访友…………………………………………（66）
　　去亲戚家(66)　　探望病人(67)

第十三课　请人帮忙…………………………………………（70）
　　修理抽水马桶及电路(70)　　找寻失物(72)

第十四课　生病就医…………………………………………（75）
　　在中医诊疗室(75)　买药治病(76)　　身体检查(77)

第十五课　求职工作…………………………………………（80）
　　应聘(80)　　找工作(82)

第十六课　休闲娱乐…………………………………………（85）
　　喝咖啡(85)　　休闲健身(86)　　周末休闲度假(87)

第十七课　观光游览…………………………………………（90）
　　市区游览(90)　　东钱湖游览(91)　　宁波周边景点游览(92)

第十八课　习俗民风…………………………………………（96）
　　婚嫁人情(96)　　做寿风俗(99)　　风俗禁忌(100)

第十九课　文化教育…………………………………………（104）
　　子女培养(104)　　考试(105)　　外语培训(106)

第二十课　入境出国…………………………………………（110）
　　出国求学(110)　　办理签证(111)　　出入海关(112)

附录：宁波特色旅游景点一览………………………………（115）

宁波话的发音

宁波新派音系中,声母28个,韵母40个,声调5个。

一、宁波话的声母

宁波话的声母,一共有28个。"[ ]"内为国际音标注音。

1. 宁波话中,以下17个声母与普通话相同,宁波话拼音标注与汉语拼音相同。

b[p]剥　　p[pʻ]扑　　m[m]摸　　f[f]福　　d[t]德　　t[tʻ]脱
n[n]纳　　l[l]勒　　g[k]鸽　　k[kʻ]刻　　h[h]瞎　　j[tɕ]鸡
q[tɕʻ]气　x[ɕ]希　　z[ts]资　　c[tsʻ]雌　　s[s]思

2. 以下6个声母,普通话没有,但是与英语的读音相同,就是通常做浊辅音的声母。

bh[b]白　　dh[d]达　　gh[g]轧　　sh[z]字　　zh[dz]茶　　fh[v]坟

这些声母,本拼音方案一律用"h"加在同部位发音的清辅音的后面表示浊音。这些声母对应的清辅音依次是:b、d、g、s、f。

3. 还有三个声母,也是浊辅音声母,也在对应的清辅音后面加个"h"。

jh[dʑ]旗　　xh[ʑ]徐　　hh[ɦ]盒

它们对应的清辅音声母是 j、x、h。

4. 还有一个声母是后鼻音,宁波话中能做声母。

ng[ŋ]额

二、宁波话的韵母

宁波话的韵母有 40 个(其中"k"表示入声韵)。

其中,发音各不相同的基础韵母有 21 个。

i[i]衣低变　u[u]布初半　yu[y]雨鬼有　uy[ʮ]水朱橱

i[ɿ]资刺字

a[a]街拉泰　o[o]沙哑瓜　ei[e]海菜再　e[ɛ]难咸南

ao[ɔ]包老涛　oe[ø]算酸搬　eu[əu]依过饿　oey[œy]头走呕

an[ā]硬杏打　ai[ɐɪ]雷队推　en[əŋ]根灯忖　ang[ɔ̃]杭商当

ong[oŋ]龙同春

ak[aʔ]压法色　ok[oʔ]佛绿脱　ik[ɪʔ]笔滴踢

介音 i 与上面的韵合成的韵母有 8 个:

ia[ia]写谢嗲　ie[iɛ]廿验谐　io[io]要桥吊　in[iŋ]今铃丁

ian[iā]香乡橡　iong[ioŋ]云用勇

iak[iaʔ]捏药嚼　iok[ioʔ]吃嚛月

介音 u 与上面的韵合成的韵母有 6 个:

ua[ua]拐怪坏　ue[iɛ]弯乖惯　uai[uɐɪ]块会灰

uen[uəŋ]昏温稳　uang[uɔ̃]横光矿　uak[uaʔ]挖划滑

介音 yu 与上面的韵合成的韵母有 1 个:

uik[yɪʔ]菊缺局

还有以辅音做韵母的音 4 个:

m[m]姆呒　n[n]芋　ng[ŋ]鱼五　l[°l]而耳

说明:

(1) i 代表两个韵:一个是[i](衣记里),一个是[ɿ](资刺字)。

(2) an 韵有时读作 a,但在 ian 中仍读 ian;ang 韵有时读 ao,如 "荡 dhao"。两者都会有时失去了鼻化音。

(3) ak、ek 两韵不稳定,正在合并中,作一个韵 ak 处理,在课文中随实际发音注两个音。

三、宁波话中"i、u、yu"开头的零声母字的标音法

与普通话一样,标为"y、w、yu"。宁波话中"i、u、yu"开头的字,有部分读浊音的零声母,拼写时就在第二字母的位置上加"h",用以区别读清音和零声母字。

此外,"yu"在与"n""l"以外的声母相拼时写作"u"。"iou""un"在有声母时写作"iu""un"。

四、宁波话声调

有5个声调,用1到5度来表示声调的高低,1度最低,5度最高。

1. 单音节声调

阴平51 江天对快　阴上335 懂纸土口　阳去223 来同买道外地
阴入<u>55</u> 各黑脱出　阳入<u>23</u> 欲六直绝

2. 连读变调

宁波话在实际发音中是有"连读变调"的,从两字组到三字组,除了首字外,后面的字都失去了本字声调的原调,成为几组简单的连读调。

两字连读变调调型:
(1) 33+51　33+44　(2) 22+51　(3) 55+33　(4) 24+33
(5) 22+44　(6) 33+35　(7) 22+35

两字连读,如果后字是短促入声字,51、44、35 都变成55。

三音节连读变调调型:
(1) 33+55+31　(2) 22+44+55　(3) 33+44+55
(4) 24+33+31　(5) 55+33+31　(6) 22+55+31
(7) 22+34+51

为了便于初学者直接看到声调的高低情形,使发音更准确,本书中声调全部用数字标示出来。

学说宁波话

附：

宁波话音系表

一、声母

b[p]把搬帮八　　p[pʻ]怕潘捧魄　　bh[b]婆拌棒别
m[m]母满闷木　　f[f]付反方福　　　fh[v]烦饭坟佛
d[t]多单丁滴　　　t[tʻ]体滩通踢　　　dh[d]地段同特
n[n]倪南让热　　　l[l]溜乱拎落
g[k]盖干工各　　　k[kʻ]苦看肯客　　　gh[g]葵掼共轧
ng[ŋ]熬鹅硬额　　h[h]灰汉烘忽　　　hh[ɦ]河后红鹤
j[tɕ]鸡尖精级　　　q[tɕʻ]区趣庆漆　　　jh[dz]其赵琴集
x[ɕ]需宣相血　　　xh[z]谢斜像席
z[ts]子纸张责　　　zh[dz]茶查争咋　　c[tsʻ]刺差葱拆
s[s]思三松束　　　sh[z]字是神凿
ng[ŋ]额

二、韵母

　　　　　　　　　i[i]衣低变地　　　u[u]布初半路　　yu[y]雨鬼有油
a[a]街拉泰鞋　　ia[ia]写谢哆夜　　ua[ua]拐怪坏娃
o[o]沙哑瓜话　　io[io]要桥吊跳
eu[əu]依过饿大
ai[ɐi]雷队对推
ei[e]海菜再裁　　　　　　　　　　　uai[uɐi]块会灰为
ao[ɔ]包老涛逃
oey[œy]头走呕偷
oe[ø]算酸短端
e[ɛ]难咸站蛋　　　ie[iɛ]廿验嫌田　　ue[uɛ]弯乖惯关
an[ã]硬杏打荡　　ian[iã]香乡橡阳
en[əŋ]根灯忖囤　　in[iŋ]今铃丁停　　uen[uəŋ]昏温稳混
ang[ɔ̃]杭商当糖　　　　　　　　　　　uang[uɔ̃]光矿汤糖

4

ong[oŋ]龙同红春　iong[ioŋ]云用勇穷
ak[aʔ]压法色塔　　iak[iaʔ]着脚嚼药　　uak[uaʔ]豁挖划滑
ok[oʔ]佛绿脱落　　iok[ioʔ]吃噱月肉
ik[ɪʔ]笔滴踢叶　　　　　　　　　　　　uik[yɪʔ]菊缺雀局
i[ɿ]资刺字箸
uy[ʯ]水朱橱树
m[m̩]姆呒　　　n[n̩]芛　　　　ng[ŋ̍]儿鱼五　　l[°ɿ]贰耳

三、声调

阴平　51　　江天飞对快
阴上　335　懂好纸土口
阳去　223　来同有买外
阴入　55　　各黑脱出笃
阳入　23　　六学白石木

第一课 迎送问候

 见面致礼

◆ 你好,张阿姨!
   侬 好, 张阿姨!
   Neu₂₂₃ hao₃₃₅, jian₃₃ a₄₄ yi₅₅!

◇ 你好,小王!好久不见了,你还好吗?
   侬 好, 小王! 交关 长 辰光 没 看见 侬唻, 侬 还 好勿?
   Neu₂₂₃ hao₃₃₅, xio₂₂ whang₄₄! Jio₃₃ gue₄₄ jhian₂₂₃ shong₂₂ guang₄₄ mek₅₅ ki₅₅ jia₃₃ neu₂₂ lei₅₁, neu₂₂₃ whak₂₂₃ hao₃₃ fhak₅₅?

◆ 挺好的,你呢?这阵子身体还好吗?
   蛮好个, 侬捏? 搿抢 身体 还 好勿?
   Me₅₅ hao₃₃ ghok₃₁, neu₂₄ nik₃₃? Gik₅₅ qian₃₃ song₃₃ ti₄₄ whak₂₃ hao₃₄ fhak₅₅?

◇ 还可以。这阵子忙吗?
   还可以。 搿抢 忙勿?
   Whak₂₂ keu₅₅ yhi₃₁。 Gik₅₅ qian₃₃ mang₂₄ fhak₃₃?

◆ 忙死了,总是出差啦!

忙煞哢， 是舡　出差啦！
Mang₂₂ sak₅₅ lei₃₁， shi₂₄ ghak₃₃ cok₃₃ ca₅₅ la₃₁！

◇ 那你要注意身体啊,有时间来我那里去坐会儿。
个　侬　身体　要　注意哢，有　辰光　到　我地方　去坐坐。
Gek₅₅ neu₂₂₃ sen₃₃ ti₄₄ yo₃₃₅ zi₅₅ yi₃₃ lei₃₁， yhu₂₂₃ shong₂₂ guang₄₄ dao₅₁ ngo₂₂₃ dhi₄₄ fang₅₅ qi₄₄ sheu₂₄ sheu₃₃。

 迎接客人

◆ 哦,客人来了,请进,请进！
噢，人客　来哢，进来，进来！
Aok₅₅， nin₂₂ kak₅₅ lei₂₂ lei₄₄， jin55lei₃₃， jin₅₅lei₃₃！

◇ 很长时间没碰到您了,很想您呀！
交关　长　日脚　咾没　碰着侬哢，交关　忖侬啦！
Jio₃₃ gue₄₄ jhian₂₂₃ nik₃₃ jiak₄₄ m₃₃ mek₅₅ bhan₂₂ zhak₅₅ neu₃₃ lei₅₁， jio₂₂ gue₄₄ cen₃₃ neu₅₅ la₃₁！

◆ 不用脱鞋子。坐会儿,喝杯茶。
鞋爿　冒脱。坐晌，茶　喝杯。
Hha₂₂ bhe₄₄ mao₅₅ tek₃₃。 Sheu₂₄ shang₃₃， zho₂₂₃ hak₅₅ bai₃₃。

◇ 您别客气,我坐会儿就走了。
您　冒　客气，我　坐晌　就　去哢。
Neu₂₂₃ mao₂₂₃ kak₅₅ qi₃₁， ngo₂₂₃ sheu₂₄ shang₃₃ jhu₂₂₃ qi₅₅ lei₃₃。

学说宁波话

 送人出门

◆ 你要走啦？吃了晚饭再走吧！
侬 要 去啦？ 夜饭 吃好 再 去哪！
Neu₂₂₃ yo₅₁ qi₅₅ la₃₁？ yha₃₃ fhe₄₄ cok₅₅ hao₃₃ zei₃₃₅ qi₅₅ na₃₃！

◇ 不吃了，我还有点事儿，下次再来看您！
勿吃唻， 我 还有眼 事体， 下趟 再来 看侬！
Fhek₂₂ qiok₅₅ lei₃₁， ngo₂₂₃ whak₂₂ yhu₅₅ nge₃₁ shi₂₂ ti₅₁， hho₂₄ tang₃₃ ze₅₅ lei₃₃ ki₅₅ neu₃₃！

◆ 那好吧！我来送送你！
个 好哪！ 我 来 送送侬！
Gek₅₅ hao₅₅ na₃₃！ Ngo₂₂₃ lei₂₂₃ song₅₅ song₃₃ neu₃₁！

◇ 不用的，你不要出来了！
好甭个， 侬 冒 走出来唻！
Hao₂₂ fhen₅₅ ghok₃₁， neu₂₂₃ mao₅₁ zoey₅₅ cok₃₃ lei₃₃ lei₃₁！

◆ 车子开慢一点，到了打一个电话给我。
车子 开 慢眼， 到了 打只 电话 拨我。
Co₃₃ zi₄₄ ki₃₃₅ me₂₄ nge₃₃， dao₃₃ lek₅₅ da₃₃ zak₅₅ dhi₂₄ hho₃₃ bok₃₃ ngo₄₄。

◇ 好的，谢谢，再见！
好个， 谢谢， 再会！
Hao₅₅ ghok₃₃， xhia₂₂ xhia₄₄， zei₅₅ whai₃₃！

 代劳致谢

◆ 麻烦你了，今天让您受累了！

麻烦侬咪， 今末 呕侬 着力咪！
Mo₂₂ fhe₅₅ neu₃₃ lei₃₁， ji₃₃ mik₃₅ euy₃₃ neu₄₄ jhik₂₂ lik₅₅ lei₃₁！

◇ 没关系的，这一点点小事算不了什么。
勿搭界个， 介眼眼 小事体 冒去讲其。
Fhak₂₂ dak₅₅ gak₃₃ ghek₃₁， ga₃₃ nge₄₄ nge₅₅ xio₃₃ shi₄₄ ti₅₅ mao₂₄ qi₃₁ gang₃₃ jhi₅₁！

◆ 您真是太好了,这次可是帮我的大忙了！叫我怎么去感谢您呢？
侬 人 在介 好啦， 个回 是 大笔头 帮 忙咪！ 呕我 咋 谢谢 侬捏？
Neu₂₂₃ nin₂₂₃ zhei₂₄ ga₃₃ hao₃₃ la₄₄， gek₅₅ whai₃₃ shi₂₂₃ dheu₂₂ bik₅₅ dheu₃₁ bang₅₁ mang₂₄ lei₃₃！ oey₃₃ ngo₄₄ zha₂₂₃ xhia₅₅ xhia₃₃ neu₂₂ nik₄₅₅？

◇ 不要客气,没关系的！
冒 客气， 勿搭界个！
Mao₂₂₃ kak₃₃ qi₄₄， fhak₂₂ dak₅₅ ga₃₃ ghok₃₁！

 请让和碰撞

◆ 麻烦让一让！
麻烦 让记！
Mo₃₃ fhe₄₄ nian₂₄ ji₃₃！

◇ 哦,你能走吗？
噢， 侬 好走勿？
Ao₅₁， neu₂₂₃ hao₅₅ zoey₃₃ fhak₃₁？

◆ 对不起,把您挤疼了！
对勿起， 得侬 轧痛咪！
Dai₅₅ fhak₃₃ qi₃₁， dek₂₂ neu₃₅ ghak₂₂ tong₅₅ lei₃₁！

学说宁波话

◇ 没事儿。
呒告!
M$_{33}$ gao$_{51}$!

常用词语

辰光 shong$_{22}$ guang$_{51}$ 时间。
搿抢 gik$_{55}$ qian$_{33}$ 这阵子。
搿晌 gik$_{22}$ shang$_{35}$ 这会儿。
是搿 shi$_{24}$ ghak$_{33}$ 总是。
勿搭界 fhak$_{22}$ dak$_{55}$ ga$_{31}$ 没关系。
下趟 who$_{24}$ tang$_{33}$ 下次。
介眼眼 ga$_{33}$ nge$_{44}$ nge$_{55}$ 一点点。
事体 shi$_{22}$ ti$_{51}$ 事情。
轧 ghak$_{23}$ 挤。
呒告 m$_{33}$ gao$_{51}$ 没事。

语法要点

一、代词
我 ngo$_{223}$ 我。
阿拉 ak$_{33}$ lak$_{51}$ 我们。
侬 neu$_{223}$ 你。
倷 nak$_{23}$ 你们。
其 jhi$_{223}$ 他,她,它。
其拉 jhik$_{22}$ lak$_{35}$ 他们,她们,它们。

㽶 gek$_{55}$ 这个。

二、叹词

讴 oey$_{51}$ 一般呼语。注意不用"喂"作一般呼唤,"喂"只在打电话时用,或用于不客气时。

喔唷 ok$_{55}$ yo$_{33}$ 可表示喜悦、惊叹、喜出望外,也可表示没料到的遗憾。

噢 ao$_{51}$,可表示没料到而才知道,也可表示应答。

三、语气词

呀 ya$_{51}$ 可表示亲切。

勿 fhak$_{23}$ 常表示是非问,同普通话的"吗",如:"侬是大学生勿?"(你是大学生吗?)也可表示商量或推测,同普通话的"吧",如:"阿拉去了勿?"(我们去了吧?)

个 ghek$_{23}$ 常表示确定、肯定语气。

唻 lei$_{31}$ 表示陈述的语气。

哪 nak$_{23}$ 表示亲切。

四、程度副词

介 ga$_{335}$ 这么。

交关 jio$_{33}$ gue$_{44}$ 非常。

蛮 me$_{51}$ 挺。

煞 sak$_{55}$ 很,非常。

五、否定词

勿 fhek$_{23}$ 不。

覅 fe$_{51}$ 不要。

灭 mik$_{55}$ 没有。

冒 mao$_{223}$ 不要。

好甭 hao$_{33}$ fhen$_{35}$ 不用

六、SOV 句式

宁波话有多种句子,宾语往往放在动词谓语前边,即宾语前置。如"侬夜饭吃过了勿?"(你吃过晚饭了吗?)"矮凳摆摆好!"(凳子放

 学说宁波话

放好!)

 宁波老话链接

三缺一,不来伤阴骘 se₅₅ quik₃₃ yik₅₅,fhek₂₂ lei₃₅ sang₃₃₅ yin₃₃ jik₅₅ 比喻人有配合的义务。三缺一,四人博弈中少一人;不来,不参与;阴骘,冥冥中的注定和安排。

上半夜忖忖自家,下半夜忖忖人家 shang₂₂ bu₅₅ yha₃₁ cen₂₂ cen₅₁ xhi₂₂ go₅₁,hho₂₄ bu₃₃ yha₃₁ cen₂₂ cen₅₁ nin₂₂ go₅₁ 相处要互相体谅。上半夜、下半夜,犹言"一会儿、一会儿";忖忖,想想;自家,自己;人家,别人。

朋友好做好,落雨自割稻 bhan₂₂ yhu₃₅ hao₅₅ zeu₃₃ hao₃₃₅,lok₂₂ yhu₃₅ xhi₂₂ gek₅₅ dhao₃₁ 朋友虽好,最终还是靠自己。好做好,意为好是好,最好也不过如此;落雨,下雨天,暗指天灾人祸;自割稻,因大雨须抢割抢收时却无人帮助。

各人顾自,脚手做忌 gok₅₅ nin₃₃ gu₃₃₅ xhi₂₂₃,jiak₅₅ xyu₃₃ zeu₃₃₅ jhi₂₂₃ 各管各,互不干涉。顾自,自己照顾自己,引申为各管各;做忌,忌惮,不可放肆。

第二课 介绍认识

问 人

◆ 你好,你叫什么名字啊?
   侬 好, 侬 讴 嗦 名字啊?
   Neu$_{223}$ ho$_{335}$, neu$_{223}$ oey$_{51}$ so$_{51}$ min$_2$ zhi$_{55}$ a$_{31}$?

◇ 我叫刘莉莉。
   我 讴 刘莉莉。
   Ngo$_{223}$ oey$_{51}$ lyu$_{22}$ li$_{44}$ li$_{55}$。

◆ 你今年多大了?
   侬 今年 几岁啦?
   Neu$_{223}$ jin$_{55}$ ni$_{33}$ ji$_{33}$ suy$_{55}$ la$_{51}$?

◇ 我二十八岁了。
   我 廿八岁咪。
   Ngo$_{223}$ nie$_{22}$ bak$_{55}$ syu$_{33}$ lei$_{51}$。

◆ 你是哪里人?
   侬 是 嗦地方 人啦?
   Neu$_{223}$ shi$_{223}$ so$_{55}$ dhi$_{33}$ fang$_{31}$ nin$_{24}$ la$_{33}$?

◇ 我是舟山人。
   我 是 舟山人。

学说宁波话

Ngo$_{223}$ shi$_{223}$ ju$_{33}$ se$_{44}$ nin$_{55}$。

◆ 你 从什么地方过来的?
侬 阿里介 过来个?
Neu$_{223}$ ak$_{33}$ li$_{44}$ ga$_{55}$ geu$_{55}$ lei$_{33}$ ghek$_{31}$?

◇ 我今天早上从厦门过来的。
我 今灭 天亮 厦门介 过来个。
Ngo$_{223}$ ji$_{33}$ mik$_{51}$ ti$_{55}$ nian$_{33}$ who$_{22}$ men$_{55}$ ga$_{31}$ geu$_{55}$ lei$_{33}$ ghek$_{31}$。

熟悉地方

◆ 你到宁波多长时间了?
侬 到 宁波 多长 辰光咪?
Neu$_{223}$ dao$_{335}$ nin$_{22}$ beu$_{44}$ dou$_{35}$ jhian$_{33}$ shong$_{22}$ guang$_{55}$ lei$_{31}$?

◇ 差不多六年了吧!
毛 六年咪!
Mao$_{223}$ lok$_{22}$ ni$_{44}$ lei$_{55}$!

◆ 会说宁波话吗?
宁波 言话 会讲勿?
Nin$_{22}$ bek$_{51}$ hhe$_{22}$ who$_{44}$ whai$_{22}$ gang$_{44}$ fhak$_{51}$?

◇ 听得懂,不大会讲。
听 听得懂, 讲 不大讲。
Tin$_{335}$ tin$_{55}$ dek$_{33}$ dong$_{31}$, gang$_{335}$ fhai$_{24}$ dha$_{33}$ ghang$_{31}$。

◆ 宁波的交通都熟悉了吗?
宁波个 交通 和总 熟悉拉勿?
Nin$_{22}$ beu$_{51}$ gok$_{55}$ jio$_{22}$ tong$_{51}$ hho$_{24}$ zong$_{33}$ shok$_{22}$ xik$_{55}$ la$_{33}$ fhak$_{31}$?

◇ 还好,大多数路还是认识的。
还好, 多数 路 还是 认得个。

Whak₂₂ ho₃₅, dou₃₃ su₅₁ lu₂₂₃ whak₂₂ shi₄₄ nin₂₂ dek₅₅ ghok₃₁.

◆ 我给你介绍一下,这个是我们单位领导。
  我 得侬 介绍记, 个是 阿拉 单位 领导。
  Ngo₂₂₃ dek₂₂ neu₃₅ ga₅₅ xhio₃₃ ji₃₁, gik₅₅ shi₃₁ ak₃₃ lak₄₄ de₃₃ whai₄₄ lin₂₄ dao₃₃.

◇ 你好,我是营业部李经理介绍过来的。
  侬 好, 我 是 营业部 李经理 介绍 过来个。
  Neu₂₂₃ hao₃₃₅, ngo₂₂₃ shi₂₂₃ yhin₂₂ nik₅₅ bu₃₁ li₂₄ jin₃₃ li₃₁ ga₅₅ xhio₃₃ geu₃₅ lei₃₃ ghok₃₁.

◆ 你好,你好,你在几楼办公?
  侬 好, 侬 好, 侬 是 来 几楼 办公?
  Neu₂₂₃ hao₃₃₅, neu₂₂₃ hao₃₃, neu₂₂₃ shi lei₂₂₃ ji₃₃ loey₄₄ bhe₂₂ gong₄₄?

◇ 我在六楼办公。
  我 来 六楼 办公。
  Ngo₂₂₃ lei₂₂₃ lok₂₂ loey₃₅ bhe₂₂ gong₄₄.

◆ 以后大家是朋友了,有事打我电话。
  下日 大家 是 朋友家哤, 有事体 打我 电话。
  Who₂₄ nik₃₃ dho₂₂ go₄₄ shi₂₂₃ bhan₂₂ yhu₅₅ go₃₃ lei₃₁, yhu₂₂ shi₄₄ ti₅₅ dha₅₅ ngo₃₃ dhi₂₄ who₃₃.

讴₅₁ 叫。

嗦 sok$_{55}$ 什么。

阿里 ak$_{22}$ li$_{35}$ 哪里。

天亮 ti$_{24}$ lian$_{33}$ 早上。

毛 mao$_{223}$ 差不多。

下日 Who$_{24}$ nik$_{33}$ 以后。

朋友家 bhan$_{22}$ yhu$_{55}$ go$_{31}$ 朋友。

和总 hho$_{24}$ zong$_{33}$ 都。

认得 nin$_{22}$ dek$_{51}$ 熟悉。

今灭 ji$_{33}$ mik$_{51}$ 今天。

一、有些句子不用介词

宁波话有些短句,动词可以不用介词引进地点,而在动词前用"介 ga$_{23}$",如:"侬嗦地方介来?"

二、"来"lei$_{223}$的用法

普通话"在"的意思,作动词谓语,如:"我办公室来八楼。"也可作介词,如:"我来公园里拿物(玩)。"

三、"羿"的用法

宁波话"羿"是代词,又作"个",读"gik$_{55}$"或"gek$_{55}$",如:"个是阿拉领导。"

四、"个"在句尾表示"的"的时候,读"ghek$_{23}$"。

如:"我是从厦门过来个。"

五、"记"ji$_{51}$的用法

"记"在动词后表示"一下"的意思,如"介绍记";也可表示连续的动作,如"碰记碰记""动记动记"。

宁波老话链接

客人是根龙,吃眼勿会穷 kak₅₅ nin₃₃ shi₂₂₃ ga₃₃₅ long₂₂₃, qiok₅₅ nge₃₃ fhek₂₂ whai₄₄ jhiong₂₂₃ 意为待客人要热情。

一日两日是人客,三日四日是便客 yik₃₃ nik₄₄ lian₂₄ nik₃₁ shi₂₂₃ nin₂₂ kak₄₄, se₃₃ nik₄₄ si₃₃ nik₄₄ shi₂₂₃ bhi₂₂ kak₄₄ 久住不是客。人客,指客人,要尽心特别接待的宾客;便客,顺便带过而不特别接待的客人。

三寸舌头抬煞人,三寸舌头压煞人 se₃₃ cen₄₄ xhik₂₂ dhoey₃₅ dhe₂₂ sak₄₄ nin₂₂₃, se₃₃ cen₄₄ xhik₂₂ dhoey₃₅ ak₅₅ sak₃₃ nin₂₂₃ 意为对人可以这样评说,也可以那样评说,效果完全不一样。三寸舌头,指说话;抬,抬举,吹捧;压,压制,扼杀;煞,极端。

第三课 时间天气

问时间

◆ 现在几点?
  豁晌 几点?
  Gik₂₂ shang₄₄ ji₃₃ di₅₁?

◇ 差十五分钟六点。
  六点 差 一刻。
  Lok₂₂ di₃₅ co₃₃₅ yik₃₃ kek₄₄。

◆ 她什么时候来?
  其 嗦辰光 走过来?
  Jhi₂₂₃ sok₅₅ shong₃₃ guang₃₁ zuoey₅₅ geu₃₃ lei₃₁?

◇ 大概六点吧。
  六点 横里勿。
  Lok₂₂ di₄₄ wa₅₅ li₃₃ fhak₃₁?

◆ 那快了,她快要来了。
  个 快唻, 其 要 来快唻。
  Gek₅₅ kua₅₅ lei₃₃, jhi₂₂₃ yio₅₁ lei₂₂ kua₅₅ lei₃₁。

◇ 嗯,我给她打个电话。
  嗯, 我 打 只 电话 拨其。

En$_{51}$, ngo$_{223}$ da$_{33}$ zak$_{44}$ dhi$_{24}$ who$_{33}$ bek$_{22}$ jhi$_{44}$。

◆ 好的,看看她到哪儿了。

好哪, 看看 其 到 阿里唻。

Hao$_{55}$ nak$_{33}$, ki$_{55}$ ki$_{33}$ jhi$_{223}$ dao$_{335}$ ak$_{33}$ li$_{44}$ lei$_{55}$。

问日期

◆ 小李,你是什么时候来宁波的?

小李, 侬 嗦辰光 来 宁波个拉?

Xiao$_{33}$ li$_{35}$ neu$_{223}$ so$_{55}$ shong$_{33}$ guang$_{31}$ lei$_{223}$ nin$_{22}$ bok$_{55}$ ghek$_{33}$ la$_{31}$?

◇ 去年八月。

去年 八月份。

Qyu$_{55}$ ni$_{33}$ bak$_{22}$ yuik$_{44}$ fhen$_{55}$。

◆ 你是哪年出生的?

侬 几几年 出生个?

Neu$_{223}$ ji$_{33}$ ji$_{44}$ ni$_{55}$ cek$_{33}$ san$_{44}$ ghok$_{31}$?

◇ 一九八九年。

一九 八九年。

Yik$_{55}$ jyu$_{33}$ bak$_{22}$ jyu$_{44}$ ni$_{55}$。

◆ 你生日是几月几日?

侬 生日 是 几月几号?

Neu$_{223}$ san$_{33}$ nik$_{35}$ shi$_{223}$ ji$_{33}$ yuik$_{55}$ ji$_{33}$ hhao$_{31}$?

◇ 四月七日。

四月 七号。

Si$_{55}$ yuik$_{33}$ qik$_{55}$ hhao$_{31}$。

◆ 我比你大两个月,我是两月七日生日。下星期就是我生日。

我 比侬 大 两个 月, 我 两月 七号 生日。 下礼拜

就是 我 生日。
Ngo₂₂₃ bi₂₂ neu₄₄ dhou₂₂₃ lian₂₄ gou₃₃ yuik₂₃, ngo₂₂₃ lian₂₄ yuik₅₁ qik₅₅ hhao₃₁ san₃₃ nik₄₄。Hho₂₄ li₃₃ ba₃₁ jhyu₂₂ shi₃₃ ngo₂₂₃ san₃₃ nik₄₄。

◇ 下周几啊?

下礼拜 几啊?
Who₂₄ li₃₃ ba₃₁ ji₃₃ a₄₄?

◆ 下周一。

下礼拜 一。
Hho₂₄ li₃₃ ba₃₁ yik₅₅。

◇ 哦,下周我来你家给你庆祝生日哦!

噢, 下礼拜 我 得侬 屋里 来 帮侬 庆祝 生日。
Ao₅₁, who₅₅ li₃₃ ba₃₁ ngo₂₂₃ dek₂₂ neu₄₄ wok₅₅ lok₃₃ lei₂₂₃ bang₃₃ neu₄₄ qin₅₅ zok₃₃ san₃₃ nik₄₄。

◆ 谢谢你。

谢谢 侬。
Xhia₂₂ xhia₄₄ neu₂₂₃。

◆ 今天怎么那么热!

今灭 实介 热啦!
Ji₃₃ mik₄₄ shei₂₄ gak₃₃ nik₂₂ la₃₅!

◇ 是呢,热死了,今天有几度啊?

是哪, 热也 热煞咪, 今灭 有的 几度啦?
Shi₂₄ nak₃₃, nik₃₃ hha₃₅ nik₂₂ sak₂₂ lei₃₅, ji₃₃ mik₃₅ yhu₂₂ dek₄₄ ji₃₃ du₃₄ la₅₅?

◆ 大概三十六度。

大约摸 三十 六度。

Dha₂₂ yak₅₅ mok₃₁ se₅₅ shak₃₃ lok₂₂ dhu₃₅。

◇ 宁波夏天最热几度啦?

宁波 夏天家 顶 热 几度啦?

Nin₂₂ bok₄₄ hho₂₂ ti₄₄ go₅₅ din₅₁ nik₂₃ ji₃₃ dhu₅₅ la₃₁?

◆ 最热要到三十九度、四十度左右。

顶 热 要到 三十 九度、 毛四十度。

Din₅₁ nik₂₃ yo₃₃ do₄₄ sa₃₃ shok₄₄ jyu₅₅ dhu₁、mao₂₂ si₅₅ shok₃₃ dhu₃₁。

◇ 冬天呢？宁波的冬天最冷会到几度啦？

冬天家呢? 宁波 冬天家 顶 热 会到 几度 啦?

Dong₃₃ ti₄₄ go₅₅ ni₃₁? Nin₂₂ bok₄₄ dong₃₃ ti₄₄ go₅₅ din₅₁ nik₂₃ whai₂₂ dao₄₄ ji₃₃ dhu₅₅ la₃₁?

◆ 零下三四度。

零下 三四度。

Lin₂₂ who₄₄ se₃₃ si₄ dhu₃₁。

◇ 风大吗?

风 大勿?

Fong₅₁ dhou₂₂ fhak₄₄?

◆ 风倒还好,就是湿湿的,可难受了。

风 倒 还好, 就是 湿扎扎个, 难熬煞唻。

Fong₅₁ dok₃₃₅ whak₂₂ hao₄₄, jhu₂₂ shi₄₄ xik₅₅ zak₃₃ zak₃₃ ghek₃₁, ne₂₂ no₅₅ sak₃₃ lei₃₁。

常用词语

嗦辰光 sok₅₁ shong₂₂ guang₄₄ 什么时候。

大约摸 Dha$_{22}$ yak$_{55}$ mok$_{31}$ 大概。
阿里 ak$_{33}$ li$_{35}$ 哪里。
贼介 shai$_{24}$ ghak$_{33}$ 那么。
顶 din$_{335}$ 最。
湿扎扎 xik$_{55}$ zak$_{33}$ zak$_{31}$ 湿乎乎。
难熬 ne$_{22}$ no$_{51}$ 难受。

1. 宁波话差几分钟几点，一般说成几点差几分，如：六点差一刻（差一刻六点）。

2. 宁波话在时间后面加"横里 wa$_{24}$ li$_{33}$"，表示大概几点。如：八点横里。

3. 宁波话的倒装，如："她快要来了"说成"其要来快了"；"我给她打个电话"说成"我打只电话拨其"。

4. 宁波话表示将来的方式用"要 yio$_{51}$"，如："顶热要到三十九度。"

出门看天色，进门看面色 cok$_{33}$ men$_{35}$ ki$_{335}$ ti$_{33}$ sak$_{44}$，jin$_{33}$ men$_{35}$ ki$_{335}$ mi$_{22}$ sak$_{44}$ 天色，天气变化；面色，主人的表情。

天晴带伞，肚饱带饭 ti$_{51}$ xhin$_{335}$ da$_{335}$ se$_{51}$，dhu$_{24}$ baok$_{33}$ da$_{335}$ fhe$_{223}$。外出要未雨绸缪。

会会七月七，吃吃年夜饭 whai$_{24}$ whai$_{33}$ qik$_{51}$ yuik$_{23}$ qik$_{51}$，qok$_{24}$ qok$_{33}$ ni$_{22}$ yhak$_{55}$ fhe$_{31}$ 此老话的意思是，七月初七是情人、夫妻相会的日子，大年夜是合家团圆的日子。

第四课 处所方位

问 路

◆ 麻烦问一下,中山路怎么走?
   麻烦　得我　问声，中山路　咋去去啦?
   Mo₂₂ fhe₄₄ dek₂₂ ngo₄₄ men₂₄ xin₃₃, zong₂₂ se₅₅ lu₃₁ zha₂₂ qi₅₅ qi₃₃ la₃₁?

◇ 笔直朝前走,看到银泰百货的招牌就到了。
   笔直介　走，看见　银泰百货个　招牌　就到唻。
   Bik₅₅ jhik₃₃ ga₃₁ zoey₃₃₅, ki₅₅ jia₃₃ nin₂₂ ta₅₅ bak₃₃ heu₃₃ gek₃₁ jio₂₂ bha₄₄ jhu₂₂ do₅₅ lei₃₁。

◆ 还要走多远?
   还差　多少　路　要　走?
   Whak₂₂ co₄₄ deu₃₃ xio₅₅ lu₂₂₃ yao₃₃₅ zoey₃₃₅?

◇ 不怎么远,走两分钟就快到了。
   没　咋估　远，走个　两分钟　就　到快唻。
   Mek₅₅ zha₂₄ gu₃₃ yhu₃₁, zoey₃₃ ghek₄₄ lian₂₄ fen₃₃ zong₃₁ jhu₂₂₃ dao₅₅ kua₃₃ lei₃₁。

◆ 噢,谢谢你!
   噢，　谢谢侬!

Ao₅₁, xhia₂₂ xhia₅₅ neu₃₁ !

问地址

◆ 麻烦问一下,宁波中学在哪里?
麻烦 问声, 宁波中学 来 阿里?
Mo₂₂ fhe₄₄ men₂₄ xin₃₃, nin₂₂ beu₅₅ zong₃₃ hhok₃₁ le₂₂₃ ak₃₃ li₃₅?

◇ 就在马路对面。
就 来辣 马路 对过。
Jhu₂₂₃ lei₂₂ lak₄₄ mo₂₄ lu₃₃ dai₅₅ geu₃₃。

◆ 我怎么走过去呢?
我 咋 走过 去呢?
Ngo₂₂₃ zha₂₂₃ zoey₅₅ gou₃₃ qi₃₃ ni₂₃?

◇ 往东边走,看到一个红绿灯,过了人行横道就是。
往 东边介 走, 看见 一只 红绿灯,过 人行 横道 就 到咪。
Mang₂₂₃ dong₃₃ bi₅₅ gak₃₁ zoey₃₃₅, ki₃₃ jiak₄₄ yik₅₅ zak₃₁ hhong₂₂ lok₄₄ den₅₅, gou₃₃₅ shong₂₂ xhin₄₄ whan₂₂ dhao₄₄ jhy₂₂ do₅₅ lei₃₁。

问公交

◆ 麻烦问一声,到明晨大厦要怎么走?
谢谢侬 得我 问声, 到 明晨大厦 咋去去?
Xhia₂₂ xhia₅₅ neu₃₁ dek₃₃ ngo₄₄ men₂₄ xin₃₃, do₃₃₅ min₂₂ shong₄₄ dha₃₃ hho₃₁ zha₂₂ qi₅₅ qi₃₁?

第四课　处所方位

◇ 挺远的,你要坐公交车去的。
　　蛮远个，　侬　要　乘　公共汽车　去个。
　　Me₅₅ yhu₃₃ ghek₃₁，　neu₂₂₃　yo₃₃₅　qin₃₃₅　gong₃₃ ghong₅₅ qi₃₃ co₃₁
　　qi₅₅ ghok₃₁。

◆ 坐几路车呢？
　　乘　几路　车呢？
　　Qin₃₃₅　ji₂₂ lu₄₄　co₅₅ ni₃₃？

◇ 8路、366路都会到的。
　　8路、366路　和总　会到个。
　　Bak₅₅ lu₃₃、se₃₃ lok₅₅ lok₅₅ lu₃₁　hhou₂₄ zhong₃₃　woey₃₃ do₅₅ ghek₃₁。

◆ 我要到哪里去坐呢？
　　我　要　到　阿里　还接　好　乘呢？
　　Ngo₂₂₃　yo₃₃₅　dao₃₃　ak₃₃ li₃₅　whak₂₂ jik₄₄　hao₃₃₅　qin₃₃ ni₄₄？

◇ 马路对面就有个公交车站,你去看看吧。
　　马路　对过　就　有　只　公交车　站头，侬　去　看看　好了。
　　Mo₂₄ lu₃₃　dai₅₅ geu₃₃　jhu₂₄ yhu₃₃　zak₅₅　gong₃₃ jio₄₄ co₅₅　she₂₂
　　dhoey₄₄，　neu₂₂₃　qi₅₁　ki₅₅ ki₃₃　ho₃₃ lei₃₁。

◆ 知道了,谢谢你!
　　晓得了，　谢谢侬！
　　Xio₅₅ dek₃₃ lei₃₁，　xhia₂₂ xhia₅₅ neu₃₁！

 常用词语

咋估 zha₂₄ gu₃₃ 怎么。
还差 whak₂₂ co₅₁ 还要。
对过 dai₅₅ geu₃₃ 对面。
来辣 lei₂₂ lak₄₄ 在。

25

学说宁波话

 **语法要点**

一、表疑问

阿里 ak₃₃li₃₅ 哪里。

咋去去 zha₂₂qi₅₅qi₃₁ 怎么走。

二、宁波话问路"麻烦问一下"的表达方法

麻烦得我问声 Mo₂₂fhe₄₄　dek₃₃ngo₄₄　men₂₄xin₃₃

麻烦问声 Mo₂₂fhe₄₄　men₂₄xin₃₃

谢谢侬得我问声 Xhia₂₂xhia₅₅neu₃₁　dek₃₃ngo₄₄　men₂₄xin₃₃。

三、"怎么走"宁波话中往往加"介 55"

如：往东边介走。

四、宾语前置的用法

如："还要走多少路？"宁波话往往说成："还差多少路要走？"

 宁波老话链接

有山必有路，有水必有渡 yhu₂₂se₄₄ bik₅₅yhu₃₃ lu₂₂₃，yhu₃₃suy₃₅ bik₅₅yhu₃₃ dhu₂₂₃ 比喻天无绝人之路。水，江河，流水；渡，渡口，渡船。

有桥勿过，情愿游河 yhu₂₂jhio₃₅ fhak₂₂geu₄₄，jhin₂₄nyu₃₃ yhu₂₂ hheu₃₅ 比喻个性强的人宁可吃亏也不改初衷。有桥勿过，比喻可以使巧、舞弊、找借口、顺杆爬的时候不情愿这样做；情愿，发自内心的意愿，心甘情愿；游河，比喻从难而进。

第五课 起居家常

 聊家常

◆ 王先生,你家里有几口人?
 王先生, 侬 屋里 有 几个 人啊?
 Whang₃₃ xi₅₅ san₃₁, neu₂₂₃ wok₅₅ lok₃₃ yhu₂₂₃ ji₃₃ ghok₅₅ nin₂₂ a₄₄?

◇ 三个,我老婆、女儿和我。
 三个, 阿拉 老婆、 囡 还有 我。
 Se₃₃ ghok₅₅, ak₅₅ lak₃₃ lao₂₄ bheu₃₃、 noe₂₂₃ whak₂₂ yhu₃₅ ngo₂₂₃。

◆ 你爸爸妈妈没有和你们住在一起吗?
 侬 爸爸 姆妈 呒没 得侬 囤拉 时待 啊?
 Nak₂₃ ba₅₅ ba₃₃ mu₅₅ ma₃₃ m₅₅ mak₅₅ dek₃₃ neu₃₅ dhen₂₂ lak₅₅ shi₂₂ dhai₄₄ ak₅₅?

◇ 没有住在一起,他们住在我姐姐家。
 呒没 囤了 时待, 其拉 囤拉 阿拉 阿姐 屋里。
 Mik₅₅ dhen₃₃ lak₅₅ shi₂₂ dhai₃₅, jhiak₂₂ lak₅₅ dhun₂₂ lak₅₅ ak₃₃ lak₅₅ ak₃₃ jia₃₅ wok₅₅ li₃₅。

◆ 你们两人上班那么忙,平时家务谁做呢?
 侬 两个人 上班 介 忙, 平常 日脚 屋里 生活 嗦人

27

做啦？

Nak$_{55}$ lian$_{22}$ gek$_{44}$ nin$_{55}$ shang$_{22}$ be$_{44}$ ga$_{51}$ mong$_{223}$, bhin$_{22}$ shang$_{44}$ nik$_{33}$ jik$_{35}$ wok$_{55}$ lok$_{33}$ sa$_{33}$ whok$_{55}$ sok$_{55}$ nin$_{73}$ zou$_{55}$ lak$_{33}$？

◇ 我老婆下班早，她多做点。

阿拉 老婆 落班 早，其 多做眼。

Ak$_{55}$ lak$_{33}$ lao$_{24}$ bheu$_{33}$ lok$_{22}$ be$_{44}$ zo$_{335}$，jhi$_{223}$ deu$_{22}$ zeu$_{55}$ nie$_{31}$。

◆ 她叫个钟点工好了。

其 钟点工 讴个好唻。

Jhi$_{223}$ zong$_{22}$ di$_{44}$ gong$_{55}$ oey$_{55}$ ghek$_{33}$ hao$_{33}$ lei$_{31}$。

◇ 你女儿几岁了？上高中了吗？

侬 囡 几岁啦？ 读 高中了勿？

Nak$_{23}$ noe$_{223}$ ji$_{33}$ suy$_{55}$ lak$_{31}$？ Dok$_{23}$ gao$_{33}$ zong$_{55}$ lek$_{33}$ fhak$_{31}$？

◆ 十八岁了，高中都快毕业了。

十八岁唻， 高中 毕业快唻。

Shok$_{22}$ bak$_{55}$ suy$_{33}$ lei$_{31}$， gao$_{33}$ zong$_{44}$ bik$_{33}$ nik$_{55}$ kua$_{33}$ lei$_{31}$。

◇ 日子过得真快啊！

日脚 过仔 真快的唻！

Rik$_{22}$ jik$_{35}$ gou$_{55}$ zi$_{33}$ jin$_{33}$ kua$_{55}$ dik$_{33}$ lei$_{31}$！

日常起居

◆ 我每天早晨六点钟起床，真的起不来。

我 每日 天亮 六点钟 爬起，真真 爬勿起。

Ngo$_{223}$ mai$_{24}$ nik$_{33}$ ti$_{33}$ niang$_{44}$ lok$_{22}$ di$_{44}$ zong$_{55}$ bho$_{22}$ qi$_{44}$，jin$_{33}$ jin$_{44}$ bho$_{22}$ fhak$_{55}$ qi$_{31}$。

◇ 那么早起床啊？那你晚上几点睡觉啊？

介早 爬起啊？ 噶 侬 夜到 几点钟 睏觉啦？

Gak$_{55}$ zo$_{33}$　bho$_{22}$ qi$_{55}$ a$_{31}$？　Gak$_{55}$　neu$_{223}$　yha$_{22}$ dao$_{44}$　ji$_{33}$ di$_{44}$ zong$_{55}$　kun$_{33}$ go$_{55}$ la$_{31}$？

◆ 也没有很早,磨磨蹭蹭总是弄到十点左右。

也呒没　交关　早，摸记　摸记　是介　弄到　十点　横里。

Hha$_{22}$ mik$_{55}$　jio$_{33}$ gue$_{44}$　zao$_{335}$，mok$_{24}$ ji$_{33}$　mok$_{24}$ ji$_{33}$　shi$_{24}$ ghak$_{33}$ nong$_{22}$ dao$_{44}$　shok$_{22}$ di$_{35}$　wan$_{55}$ li$_{33}$。

◇ 你晚上在忙些什么呢？

侬　夜到　来　忙眼　嗦西啦？

Neu$_{223}$　yha$_{22}$ dao$_{44}$　lei$_{223}$　mang$_{24}$ nie$_{33}$　xik$_{55}$ xik$_{33}$ la$_{31}$？

◆ 吃完晚饭后,锻炼、洗澡、看书。

夜饭　吃好，锻炼、溅人、看书。

Yha$_{22}$ fhe$_{35}$　qiok$_{55}$ ho$_{33}$，doe$_{55}$ li$_{33}$、jhian$_{22}$ nin$_{35}$、ki$_{33}$ suy$_{51}$。

◇ 上班忙吗？中午在哪里吃饭？

上班　忙勿？　昼过　来　阿里　吃　饭？

Shang$_{22}$ be$_{44}$　mang$_{24}$ fhak$_{33}$？　Ju$_{55}$ gou$_{33}$　lei$_{223}$　ak$_{33}$ li$_{35}$　qiok$_{55}$ fhe$_{223}$？

◆ 忙的呀,中午就在食堂吃点了。

忙耶，昼过　就来　食堂　吃眼唻。

Mang$_{24}$ hhe$_{33}$，Ju$_{55}$ geu$_{33}$　jyu$_{24}$ lei$_{33}$　xhik$_{22}$ dhang$_{35}$　qiok$_{55}$ nge$_{33}$ lei$_{31}$。

◇ 也要注意身体啊！双休日你常常做些什么呢？

身家　也要　当心眼！　双休日　侬　一般　做眼　嗦西呢？

Song$_{33}$ go$_{51}$　hhak$_{22}$ yio$_{44}$　dang$_{22}$ xin$_{55}$ nge$_{31}$！　Sang$_{33}$ xiu$_{55}$ nik$_{31}$ neu$_{223}$　yik$_{33}$ be$_{44}$　zou$_{33}$ nge$_{35}$　xik$_{55}$ xik$_{33}$ ni$_{31}$？

◆ 睡觉、逛街、看书、喝喝咖啡。

睏觉、荡马路、看书、喝喝　咖啡。

Kun$_{33}$ go$_{44}$、dhang$_{22}$ mo$_{55}$ lu$_{31}$、ki$_{33}$ suy$_{44}$、hak$_{55}$ hak$_{33}$　ka$_{33}$ fi$_{44}$。

学说宁波话

常用词语

囡 noe$_{223}$ 女儿。
倷 nak$_{23}$ 你的，你们的。
囥 dhen$_{223}$ 住。
时待 shi$_{22}$ dhai$_{35}$ 一起。
介 gak$_{51}$ 这么，那么。
日脚 nik$_{22}$ jik$_{44}$ 日子。
生活 sa$_{55}$ hhok$_{33}$ 活计。
落班 lok$_{22}$ be$_{51}$ 下班。
其 jhi$_{223}$ 他，她，它。
其拉 jhi$_{22}$ lak$_{44}$ 他们，它们。
真真 jin$_{22}$ jin$_{44}$ 真的，真心。
爬起 bho$_{22}$ qi$_{51}$ 起床。
睏觉 kun$_{22}$ go$_{51}$ 睡觉。
夜到 yha$_{22}$ do$_{51}$ 晚上。
摸记摸记 mok$_{24}$ jik$_{33}$ mok$_{24}$ jik$_{33}$ 磨磨蹭蹭。
是介 shi$_{24}$ ghak$_{33}$ 总是。
横里 whan$_{24}$ li$_{33}$ 左右。
嗦西 xik$_{55}$ xik$_{33}$ 什么。
夜饭 yha$_{22}$ fhe$_{51}$ 晚饭。
渹人 jhian$_{22}$ nin$_{35}$ 洗澡。
昼过 ju$_{55}$ gou$_{33}$ 中午。
阿里 ak$_{33}$ li$_{35}$ 哪里。
来 lei$_{223}$ 在。
眼 nge$_{223}$ 点，些。

荡马路 dhang₂₂ mo₅₅ lu₃₁ 逛街。

语法要点

一、动词重叠
表示经常反复的动作。常见三种形式：
VV，如："吃吃，眽眽，交关惬意。"
VVO，如："荡荡马路，上上网。"
VVC，如："房间整整好。"
二、疑问代词
问人，用"嗦人 sok₅₅ nin₃₃"。
问地点，用"阿里 ak₃₃ li₃₅"。
问东西，用"嗦西 sok₅₅ xik₃₃"。

宁波老话链接

日里三餐饭，夜里三块板 nik₂₂ li₅₁ se₃₃ ce₄₄ fhe₂₂₃，yha₂₂ li₅₁ se₃₃ go₄₄ bhe₃₃₅ 生活低要求。三块板，单人床的床板，一般多为三块。此谚语暗喻光棍度日。

早睏早起，神气活现 zao₃₃ kun₄₄ zao₂₄ qi₃₃，shong₂₂ qi₄ hhok₂₂ yhi₃₅ 意为晚上早点睡觉，白天早点起床，人的精神会很好。

讲讲话话散散心，勿讲勿话生大病 ghang₅₅ ghang₃₃ hho₂₂ hho₄₄ se₃₃ se₄₄ xin₅₁，fhak₂₂ ghang₅₅ fhak₃₃ hho₃₁ san₅₁ dheu₂₂ bhin₄₄ 意为心情要开朗。多讲讲话能放松心情，不吭声会带来心理的苦闷和抑郁。

第六课　餐饮烹调

　菜场买菜

◆ 阿姨,今天青菜很新鲜,称点去吗?

　阿姨,　今灭　青菜　交关　新鲜,　称眼去勿?

　A$_{55}$ yhi$_{33}$，　jin$_{33}$ mik$_{44}$　qin$_{33}$ ce$_{44}$　jio$_{33}$ gue$_{51}$　xin$_{33}$ xi$_{44}$，　qin$_{55}$ nge$_{33}$ qi$_{33}$ fhak$_{31}$?

◇ 多少钱一斤?

　多少　钞票　一斤啦?

　Dou$_{33}$ xio$_{44}$　cao$_{55}$ pio$_{33}$　yik$_{33}$ jin$_{44}$ lak$_{55}$?

◆ 便宜的,两元钱一斤。

　便宜个,　两块　洋钿　一斤。

　Bhi$_{22}$ ni$_{55}$ ghok$_{31}$，　lian$_{24}$ kuai$_{33}$　yhan$_{22}$ dhi$_{44}$　yik$_{22}$ jin$_{35}$。

◇ 这么贵啊,旁边摊子只卖一元八啊。

　介贵啊,　旁边　摊头　一块　八角　够咪。

　Ga$_{55}$ ju$_{33}$ a$_{31}$，　bhang$_{22}$ bi$_{44}$　te$_{33}$ dhou$_{35}$　yik$_{33}$ kuai$_{35}$　bak$_{55}$ gok$_{33}$ goey$_{55}$ lei$_{33}$。

◆ 东西不一样的,你看,我的青菜刚从地里挖出来的,嫩得不得了。

　东西　各样个,　侬　看,　我个　青菜　田垟里　还接　挖出来　个,　非好　嫩咪。

Dong₃₃ xi₄₄ gok₅₅ yhan₃₃ ghok₂₃， neu₂₂₃ ki₃₃₅， ngo₂₄ ghek₃₃ qin₃₃ ce₄₄ dhi₂₂ yhan₅₅ li₃₁ whak₂₂ jik₅₅ wak₅₅ cok₃₃ lei₃₃ ghek₃₁， fhai₅₅ ho₃₃ nen₂₂ lei₄₄。

◇ 我看看是一样的,便宜点吧,一元八一斤算了。

我 看看 是 左样个， 便宜眼哪， 一块 八 一斤 算唻。
Ngo₂₂₃ ki₅₅ ki₃₃ shi₂₂₃ zou₅₅ yhan₃₃ ghek₃₁， bhi₂₂ ni₅₅ nge₃₃ na₃₁， yik₃₃ kuai₄₄ bak₅₅ yik₃₃ jin₃₅ soe₅₅ lei₃₃。

◆ 最低一元九,再便宜不卖了。

顶 低 一块 九， 再 低 勿卖唻。
Dhin₃₃₅ di₃₃₃ yik₃₃ kuai₄₄ jhu₃₃₅， zei₅₁ di₅₁ fhak₂₂ ma₂₂ lei₂₃。

◇ 好吧,好吧,分量足点哦!

好哪， 好哪， 分量 足眼噢!
Hao₅₅ nak₃₃， hao₅₅ nak₃₃， fhen₃₃ liang₄₄ zok₅₅ nge₃₃ ao₃₁!

◆ 没问题!

一句 言话!
Yik₃₃ ju₄₄ hhe₂₂ hho₄₄!

餐厅用餐

◆ 今天我请客,我们一起去外面吃吧!

今灭 我 请客， 阿拉 时待 到 外头去 吃去!
Jin₃₃ mik₅₅ ngo₂₂₃ qin₃₃ kak₅₅， ak₃₃ lak₅₅ shi₂₂ dhai₄₄ do₃₃₅ nga₂₂ dhou₅₅ qi₃₁ qiok₅₅ qi₃₁!

◇ 好呀,随便吃点好了!

好哪， 随便 吃眼好唻!
Hao₅₅ nak₃₃， shai₂₂ bhi₄₄ qiok₅₅ nge₃₃ hao₂₂ lei₃₁!

◆ 你喜欢吃什么?

 学说宁波话

侬 欢喜 吃 嗦西？
Neu₂₂₃ hu₃₃ xi₄₄ qik₅₅ xik₅₅ xik₃₁？

◇ 我什么都会吃的。
 我 样样 和总 会 吃个。
 Ngo₂₂₃ yhan₂₂ yhan₄₄ hho₂₂ zong₄₄ wai₃₃₅ qiok₅₅ ghok₃₁。

◆ 咸菜黄鱼要一份,蚝油牛肉味道也不错!
 咸齑 黄鱼 要只, 蚝油 白蟹 味道 也 孬个!
 Hhe₂₂ ji₄₄ whang₂₂ n₄₄, yo₅₅ zak₃₃, hho₂₂ yhu₄₄ bhak₂₂ ha₃₅ mi₂₂ dhao₄₄ hhak₂₂₃ ze₅₅ ghok₃₁!

◇ 小姐,餐巾纸拿点过来!
 小姐, 餐巾纸 挖眼来!
 Xhio₅₅ jhia₃₃, ce₃₃ jin₄₄ zi₅₅ dhou₂₄ nge₃₃ lei₃₁!

◆ 菜不好,随便吃点!
 下饭 推板, 随便 吃眼噢!
 Hho₂₂ fhe₄₄ tai₃₃ be₄₄, shai₂₂ bhi₄₄ qiok₅₅ nge₃₃ ao₃₁!

◇ 你太客气了,菜的味道非常好!
 侬 忒客气咪, 下饭 味道 交关 好!
 Neu₂₂₃ tek₅₅ kak₃₃ qi₃₃ lei₃₁, hho₂₂ fhe₄₄ mi₂₂ dho₄₄₁ jio₃₃ gue₄₄ hao₃₃₅!

 小 吃

◆ 我们到城隍庙吃小吃去吧!
 阿拉 到 城隍庙 吃小吃去!
 Aak₃₃ lak₅₅ do₃₃₅ jhin₂₂ whang₅₅ mio₃₁ qiok₃₃ xio₅₅ qiok₃₃ qi₃₁!

◇ 好呀,我听说缸鸭狗很好!
 好哪, 我 听讲 缸鸭狗 交关 孬!

Hao₅₅ nak₃₃, ngo₂₂₃ tin₃₃ ghang₄₄ gang₃₃ ak₅₅ goey₃₁ jio₅₅ gue₃₃ ze₃₃₅!

◆ 我们到那里去吃点芝麻汤圆、生煎包子、茶叶蛋、红豆粥、烤菜年糕、麻团!

阿拉 到 伊面 去 吃眼 芝麻汤团、 生煎包子、 茶叶蛋、 红豆粥、 烤菜年糕、 麻团!

Ak₃₃ lak₅₅ dao₃₃₅ yi₅₅ mi₃₃ qi₃₃₅ qiok₅₅ nge₃₁ zi₃₃ mo₄₄ tang₄₄ dhoe₅₅、 san₃₃ ji₅₅ bao₃₃ zi₃₁、 zho₂₂ yhik₅₅ dhe₃₁、 hhong₂₂ doey₅ zok₃₁、 ko₅₅ ce₃₃ ni₂₂ go₄₄、 mo₂₂ dhoe₅₁!

◇ 快去,快去!被你说得馋也馋死了!

快去, 快去! 被侬 讲来 馋也 馋瘩煞唻!

Kua₃₃ qi₄₄, kua₃₃ qi₄₄! Bek₂₂ neu₃₅ ghang₃₃ lei₄₄ she₂₄ hha₃₃ she₂₂ lo₅₅ sak₃₃ lei₃₁!

 **常用词语**

洋钿 yhang₂₂ dhi₅₁ 钱。

摊头 te₃₃ dhou₄₄ 摊子。

各样 gok₅₅ yhan₃₃ 不一样。

田垟 dhi₂₂ yhan₄₄ 田地。

还接 whak₂₂ jik₅₅ 刚刚。

非好 fhai₂₄ hao₃₃……得不得了。

左样 zeu₅₅ yhan₃₃ 一样。

顶 din₃₃₅ 最。

一句言话 yik₂₂ ju₄₄ hhe₂₂ hho₄₄ 没问题。

嗦西 xik₅₅ xik₃₃ 什么。

孹 ze₄₄ 好。

样样 yhan$_{22}$ yhan$_{44}$ 每样，随便哪样。
挖 dheu$_{223}$ 拿。
推扳 tai$_{33}$ bhe$_{44}$ 差，不好。
咸齑 hhe$_{22}$ ji$_{51}$ 咸菜，腌制的雪里蕻。
伊面 yik$_{55}$ mi$_{33}$ 那边。
下饭 hho$_{33}$ fhe$_{44}$ 小菜。
馋痨 che$_{22}$ lao$_{44}$ 馋。

 语法要点

一、是非问句

宁波话要对方回答"是"还是"不是"的问句，常用的形式是在句子的末尾用语气词"勿 fhak$_{23}$（吗）"。如："青菜交关新鲜，称眼去勿？"是非问句句尾如用"勿啦 fhak$_{55}$ la$_{33}$"则口气稍重一点。有时有"到底"的意味，如："侬杭州去勿啦？"（你杭州到底去不去？）

二、V 得 C

宁波话动词后带形容性的补语，中间的助词可以用"得 dek$_{55}$"，如："被侬讲得馋也馋老煞咪！"

 宁波老话链接

好看红绿，好吃鱼肉 hao$_{55}$ ki$_{33}$ hhong$_{22}$ lok$_{55}$，hao$_{55}$ qiok$_{33}$ n$_{223}$ niok$_{23}$ 意为美丽的颜色是红和绿，有味的食物是鱼和肉。

三十年夜下饭多，还差一碗割蛳螺 se$_{33}$ shok$_{55}$ ni$_{33}$ yha$_{31}$ hho$_{33}$ fhe$_{44}$ deu$_{51}$，whak$_{22}$ co$_{44}$ yik$_{33}$ wu$_{44}$ gak$_{33}$ si$_{44}$ leu$_{55}$ 此谚谓宁波民间对割蛳螺这种最普通的水产品的偏爱，也暗含对穷人不识抬举的揶揄。

山十年夜,除夕;下饭,小菜;还差,还欠,还不够。

三日不吃鲜,螺蛳带壳咽 se_{33} nik_{55} $fhak_{22}$ $qiok_{44}$ xi_{335} , leu_{22} si_{44} da_{33} kok_{55} yi_{335} 鲜,鲜货,水产品;带壳咽,比喻见到鱼腥味饥不择食的样子。

生鲜热补咸经拖 san_{33} xi_{51} nik_{23} bu_{335} hhe_{223} jin_{33} tou_{51} 烧菜人对所烧的生、熟、咸等各种口味的解释。鲜,鲜美;补,滋补;经拖,经得起大口吃。

三日勿吃咸齑汤,脚骨有眼酸汪汪 se_{33} nik_{55} $fhak_{22}$ $qiok_{35}$ hhe_{22} ji_{44} $tang_{55}$, jik_{55} $guak_{33}$ yhu_{24} nie_{33} soe_{35} $wang_{33}$ $wang_{31}$ 这句谚语反映了咸菜对宁波地方口味的重要。脚骨,腿脚;酸汪汪,比较酸。

第七课　服饰美容

在发廊

◆ 小姐,您好!今天是剪发还是烫发呢?
　　小姐，　侬　好！　今灭　是　剪头　还是　烫烫？
　　Xio₅₅ jia₃₃， neu₂₂₃　hao₃₃₅！ Ji₃₃ mik₅₅　shi₂₂₃　ji₂₂ dhou₃₅
　　whak₂₂ shi₃₅　tang₅₅ tang₃₃？

◇ 我想剪一下头发。
　　我　剪只　头。
　　Ngo₂₂₃　ji₃₃ zak₅₅　dhou₂₂₃。

◆ 好的。先来洗个头。
　　好哪。　先来　澋只　头。
　　Ho₅₅ nak₃₃。　Xi₂₂ lei₄₄　jhian₂₂ zak₅₅　dhou₂₂₃。

◇ 你想剪个什么发型呢?
　　侬　要　剪只　嗦　发型呢?
　　Neu₂₂₃　yo₃₃₅　ji₃₃ zak₅₅　sok₅₁　fak₃₃ yhin₅₅ ni₃₁？

◆ 清爽一点,不要太短。
　　清爽眼，　冒　太　短。
　　Qin₂₂ sang₅₅ nge₃₁， mao₂₂₃　teu₅₁　doe₃₃₅。

◇ 头发要染一下吗?棕色很洋气的。

头发 要 染(一) 染勿？ 棕色 交关 洋气唻。
Dhoe$_{22}$ fak$_{55}$ yo$_{335}$ ni$_{223}$ ni$_{55}$ fhak$_{31}$？ Zong$_{33}$ sak$_{55}$ jio$_{33}$ gue$_{44}$ yhan$_{22}$ qi$_{55}$ lei$_{31}$。

◆ 不用了。
好逢个。
Hao$_{33}$ fhen$_{55}$ ghok$_{31}$。

在美容院

◆ 我要做个面膜。
我 要 做只 面膜。
Ngo$_{223}$ yo$_{44}$ zeu$_{33}$ zhak$_{55}$ mi$_{22}$ meu$_{35}$。

◇ 好呀！这几天天气那么干,是要多补补水。
好哪！ 辩两日 天家 介 燥， 是要 多补补 水。
Hao$_{55}$ nak$_{33}$！ Gek$_{55}$ lian$_{33}$ nik$_{31}$ ti$_{22}$ go$_{51}$ ga$_{44}$ so$_{51}$， shi$_{24}$ yo$_{33}$ da$_{55}$ bu$_{33}$ bu$_{31}$ suy$_{335}$。

◆ 我额头上有几颗痘,你一会儿帮我挑掉哦。
我 额角头 高头 有 两粒 痘， 侬 等(一)晌 帮我 挑挑掉 噢。
Ngo$_{223}$ nak$_{22}$ gok$_{55}$ dheu$_{31}$ gao$_{33}$ dheu$_{44}$ yhu$_{223}$ lian$_{24}$ lik$_{33}$ lai$_{223}$， neu$_{223}$ den$_{35}$ shang$_{33}$ bang$_{33}$ ngo$_{44}$ tio$_{33}$ tio$_{55}$ dhio$_{31}$ ao$_{31}$。

◇ 没问题。
灭 问题。
Mik$_{55}$ fhen$_{22}$ di$_{35}$。

◆ 你等会儿轻点按摩哦,我想睡一觉。
侬 等(一)晌 按摩 轻(一)眼， 我 要 睏觉。
Neu$_{223}$ den$_{35}$ shang$_{33}$ ai$_{33}$ mou$_{44}$ qin$_{51}$ nge$_{33}$， ngo$_{223}$ yio$_{44}$

kun₃₃ gao₄₄。

◇ 好的。你要办张会员卡吗？可以打对折。
好哪。 侬 会员卡 要 办一张勿？ 好 打 对折。
Hao₅₅ na₃₃。 Neu₂₂₃ whai₂₂ yhu₅₅ ka₃₁ yo₄₄ bhe₂₂ ik₅₅ jhian₃₃ fhak₃₁？ Hao₃₃₅ da₃₃₅ dai₅₅ jik₃₃。

◆ 算了，不办了，我偶尔来来的。
算咪， 勿办咪， 我 难板 来来个。
Soe₅₅ lei₃₃, fhak₂₂ bhe₄₄ lei₅₅, ngo₂₂₃ le₂₂ be lei₂₄ lei₃₃ ghek₃₁。

淑女购物

◆ 小姐你好，喜欢什么随便挑。
小姐 侬 好， 欢喜 嗓西 随便 拣。
Xio₅₅ jia₃₃ neu₂₂₃ hao₃₃₅, fu₃₃ xi₄₄ xik₅₅ xik₃₃ shai₂₂ bhi₄₄ ge₃₃₅。

◇ 我想买条裙子，公司年会上穿。
我 想 买条 裙子，公司 年会 高头 穿。
Ngo₂₂₃ xian₃₃₅ ma₅₅ dhio₃₃ jhiong₂₂ zi₄₄, gong₃₃ si₄₄ ni₂₂ whai₄₄ gao₅₅ dheu₃₁ coe₅₁。

◆ 这条怎么样？你人白，穿着很映肤色的。
爿条 咋话？侬 人 白，穿的 交关 映气咪。
Gik₄₄ dhio₃₃ zha₂₂ who₄₄？Neu₂₂₃ nin₂₂₃ bhak₂₃, coe₃₃ dik₅₅ jio₃₃ gue₄₄ yin₅₅ qi₃₃ lei₃₁。

◆ 这条颜色倒挺好，就是有点太短了。
爿条 颜色 倒 蛮好， 就是 有眼 太 短咪。
Gik₅₅ dhio₃₃ nge₂₂ sak₄₄ dao₄₄ me₅₅ hao₃₃, jhu₅₅ shi₃₃ yhu₅₅ nge₃₃ teu₅₁ doe₃₃ lei₄₄。

◆ 这条好吗？这条腰收得非常好,你穿上身材不要太好哦!

搿条 好勿？搿条 腰 俏 交关 嬲，侬 穿来 身材 覅 好 好唻！

$Gik_{55} dhio_{33}$ $hao_{33} fhak_{55}$? $Gik_{55} dhio_{33}$ yo_{335} qio_{51} $jio_{33} gue_{44}$ ze_{335}，neu_{223} $coe_{55} lei_{33}$ $xin_{33} zhe_{44}$ $fhai_{24} hao_{33}$ $hao_{55} lei_{33}$!

◇ 嗯,这条挺好的,多少钱?

嗯， 搿条 蛮 嬲个， 多少 钞票？

En_{51}， $gik_{55} dhio_{33}$ me_{335} $ze_{55} ghok_{31}$， $deu_{33} xio_{51}$ $cao_{55} piu_{33}$?

◆ 一千六百元。

一千 六百块。

$Yik_{33} qi_{44}$ $lok_{22} bak_{55} kuai_{31}$。

◇ 这么贵啊,可以便宜点吗?

介 贵啊， 好 便宜眼勿啦？

Ga_{51} $ju_{33} a_{44}$， hao_{51} $bhi_{22} ni_{55} nge_{33} fhak_{33} la_{31}$?

◆ 今天商场搞活动,给你打八折。

今灭 商场 搞 活动， 得侬 打八折。

$Ji_{33} mik_{51}$ $sang_{33} jhiang_{44}$ gao_{223} $whok_{22} dhong_{23}$， $dek_{33} neu_{44}$ $da_{33} bak_{55} jik_{31}$。

◇ 好的,那我就买这条吧。

好哪， 个 我 就 买 搿条。

$Hao_{55} na_{33}$， gek_{55} ngo_{223} jhu_{335} ma_{223} $gik_{55} dhio_{31}$。

◆ 今天活动那么合算,项链不配根去吗?

今灭 活动 介 合算， 项链 勿 配根去啊？

$Ji_{33} mik_{55}$ $whok_{22} dhong_{35}$ ga_{51} $gek_{33} suoe_{44}$， $hhang_{22} li_{44}$ $fhek_{223}$ $pai_{55} gan_{33} qi_{44} a_{31}$？

◇ 好呀,你们珍珠项链有吗?让我看看。

好耶， 倷 珍珠项链 有勿？ 拨我看看。

$Hao_{55} e_{33}$， nak_{23} $jin_{33} zuy_{44} hhang_{44} li_{55}$ $yhu_{22} fhak_{35}$？ Bok_{22}

ngo₄₄ ki₄₄ ki₅₅。

◆ 小姐眼光真好，这根珍珠项链和你买的那条裙子非常配呢！

小姐　眼光　交关　好，掰根　珍珠项链　得侬　买个　掰条　裙子　交关　配唻！

Xio₅₅ jia₃₃　nge₂₄ guang₃₃　jio₃₃ gue₄₄　hao₃₃₅，gik₅₅ gan₃₃　jin₃₃ zi₄₄ hhang₄₄ li₅₅　dek₃₃ neu₄₄　ma₂₄ ghek₃₃　gik₅₅ dhio₃₃　jhiong₂₂ zi₄₄　jio₂₂ gue₅₅　pai₅₅ lei₃₁！

◇ 这根项链好像有点旧旧的，帮我拿条新的吧！

掰根　项链　好像　有眼　旧唻唻个，新货　得我　挖根哪！

Gik₅₅ gan₃₃　hhang₂₃ li₄₄　hao₅₅ yan₃₃　yhu₂₄ nge₃₃　jhu₂₂ nak₅₅ nak₃₃ ghek₃₁，xin₃₃ heu₄₄　dek₂₂ ngo₄₄　dheu₂₄ gan₃₃ na₃₁！

◆ 这是最后一根了,要么我再帮你打九折,行吗？

掰是　顶　阿刹根唻，要末　我　再　得侬　打九折，好勿啦？

Gik₅₅ shi₃₃　din₄₄　ak₅₅ sak₃₃ ga₃₃ lei₃₁，yio₅₅ mek₃₃　ngo₂₂₃　ze₄₄ dek₃₃ neu₃₅　da₄₄ jhiu₅₅ jik₃₁，hao₃₃ fhak₄₄ la₅₅？

◇ 那算了,我再看看。

介　算唻，我　再　看看。

Gak₄₄　soe₅₅ lei₃₃，ngo₂₂₃　zei₂₂₅₁　ki₃₃ ki₄₄。

常用词语

潽 jhian₂₂₃ 洗。

冒 mo₂₂₃ 不要。

好逢 ho₃₃ fhen₄₄ 不用。

燥 so₅₁ 干燥。

额角头 nak₂₂ gok₅₅ dhou₃₁ 额头。

高头 gao₃₃ dhou₅₁ ……上。

瘌 lai₂₂₃ 痘痘。

等晌 den₃₅ shang₃₃ 过一会儿。"等"和"晌"中省了"一"音节,但连读调仍把"等一"合成一个说。

难板 le₂₂ be₅₁ 偶尔。

拣 ghe₃₃₅ 挑选。

搿 gik₅₅ 这。

咋话 zha₂₂ hho₄₄ 怎么样。

映气 yin₅₅ qi₃₁ 映肤色。

腰俏 yo₃₃ qio₅₁ 腰身。

合算 gak₅₅ soe₃₃ 合算。

孂 ze₅₁ 好。

倷 nak₂₃ 你们。

旧哝哝 jhu₂₂ nak₅₅ nak₃₁ 旧旧的。

顶阿刹 din₅₁ ak₃₃ sak₄₄ 最后。

语法要点

一、程度副词

蛮 me₅₁ 相当,颇。

交关 jio₃₃ gue₅₁ 很,相当。

霎好 fhai₂₄ ho₃₃ 用在形容词前表示程度深。如:"其霎好漂亮唻!"(她漂亮极了!)"搿小人勿好皮唻!"(这个孩子皮得不得了!)

二、短时反复

"VV"表示短时反复,等于"V 一下"。如:"我头发烫烫。"(我想烫一下头发。)

三、宁波话中"得"的用法

"得 dhek$_{55}$"用在人称代词前,表示"和"的意思。如:"这根项链得侬买个裙子交关配唻。"(这根项链和你刚买的裙子很配。)

四、宁波话中"拨"的用法

"拨 bok$_{55}$"在宁波话中用于人称代词前,表示"给""让"的意思。如:"拨我看看"(让我看看);"买件衣服拨侬"(买件衣服给你)。

 宁波老话链接

噱头噱头噱只头,蹩脚蹩脚蹩双脚 xiok$_{55}$ dheu$_{33}$ xiok$_{55}$ dheu$_{33}$ xiok$_{55}$ zak$_{33}$ dheu$_{223}$,bhik$_{22}$ jik$_{55}$ bhik$_{22}$ jik$_{55}$ bhik$_{22}$ sang$_{44}$ jik$_{55}$ 意为打扮不可轻视头与脚。噱只头,指发型头饰好;蹩脚,低档,不好;蹩双脚,蹩在一双脚上,意为鞋子不好。

苏州头,扬州脚,宁波女人好扎刮 su$_{33}$ ju$_{55}$ dheu$_{31}$,yhan$_{22}$ ju$_{54}$ jik$_{55}$,nin$_{22}$ bok$_{44}$ nyu$_{24}$ nin$_{33}$ hao$_{33}$ zak$_{55}$ gua$_{31}$ 苏州头,指的是苏州女性的头饰;扬州脚,指的是扬州女性的鞋袜;上两句意为两地女性各自打扮的重点和特点。好扎刮,好打扮,好修饰;意为宁波女性比苏扬两地的女性更重全面打扮。

平时要好看,出门勿新鲜 bhin$_{22}$ shi$_{44}$ yo$_{22}$ hao$_{55}$ ki$_{31}$,cok$_{22}$ men$_{44}$ fhek$_{22}$ xin$_{55}$ xi$_{31}$ 意为平时穿得漂漂亮亮,真要应酬时没有更新鲜的服饰。

吃吃咸齑汤,搽搽珍珠霜 qiok$_{55}$ qiok$_{33}$ hhe$_{33}$ ji$_{44}$ tang$_{335}$,zho$_{24}$ zho$_{33}$ jin$_{33}$ zuy$_{44}$ sang$_{335}$ 意为穷要面子,爱臭美。咸齑汤,最简单最省钱的小菜;珍珠霜,流行于20世纪70年代的高档护肤品。

第八课 订房购屋

 购房

◆ 这个小区绿地面积有多少?

辫只 小区 绿地 面积 有 多少?

Gik$_{55}$ zak$_{33}$ xio$_{33}$ qu$_{44}$ lok$_{22}$ dhi$_{35}$ mi$_{22}$ jik$_{55}$ yhu$_{223}$ deu$_{33}$ xio$_{44}$?

◇ 绿地面积占总面积的百分之六十。

绿地 面积 占 总面积个 百分之 六十。

Lok$_{22}$ dhi$_{35}$ mi$_{22}$ jik$_{55}$ ji$_{335}$ zong$_{55}$ mi$_{33}$ jik$_{33}$ gek$_{31}$ bak$_{55}$ fen$_{33}$ zi$_{31}$ lok$_{22}$ shok$_{23}$.

◆ 这里地段倒不错。

辫地 地段 倒 蛮好。

Gik$_{33}$ dhi$_{44}$ dhi$_{22}$ duoe$_{44}$ dao$_{44}$ me$_{55}$ hao$_{31}$.

◇ 当然了,交通非常便利,地铁就在小区旁边,马路对面就是菜场,到银泰百货只有一站路。

介 是耶, 交通 覅好 便利唻, 地铁 就 来辣 小区 旁边, 马路 对过 就是 菜场, 到 银泰 百货 只 一 站 路 花头。

Gak$_{55}$ shi$_{33}$ ei$_{44}$, jio$_{33}$ tong$_{51}$ fhai$_{24}$ ho$_{33}$ bhi$_{22}$ li$_{55}$ lei$_{31}$, dhi$_{22}$ tik$_{55}$ jhu$_{223}$ lei$_{33}$ lak$_{44}$ xio$_{33}$ qu$_{44}$ bhang$_{22}$ bi$_{51}$, mo$_{24}$ lu$_{33}$

dai₅₅ geu₃₃ jhu₂₂ shi₄₄ ce₃₃ jhan₄₄, dao₃₃₅ nin₃₃ ta₅₅ bak₃₃ heu₃₁ jik₅₅ yik₃₃ ze₄₄ lu₂₂₃ ho₃₃ dhou₅₁.

◆ 我想买个小套型。

我 想 买只 小套型。

Ngo₂₂₃ xian₃₃₅ ma₂₂ zak₅₅ xio₃₃ tao₄₄ yhin₅₅.

◇ 七幢十八楼有套房子不错,六十八平米,你要去看看吗?

七幢 十八楼 有套 房子 蛮好, 六十八 平方, 侬 要 去 看看勿?

Qik₅₅ shang₃₃ shok₂₂ bak₅₅ loey₃₁ yhu₂₂ tao₄₄ fhang₂₂ zi₄₄ me₅₅ hao₃₃, lok₂₂ shok₅₅ bak₃₁ bhin₂₂ fang₅₁, neu₂₂₃ yo₃₃₅ qi₄₄ ki₃₃ ki₄₄ fhak₅₅?

◆ 毛坯还是装修好的? 公摊面积大吗?

毛坯 还是 装修 好个? 公摊 面积 大勿?

Mao₂₂ pai₄₄ whak₄₄ shi₂₂ zang₃₃ xu₄₄ hao₃₃ ghek₄₄? Gong₃₃ te₄₄ mi₂₂ jik₅₅ dheu₂₄ fhak₃₃?

◇ 毛坯房,公摊面积很少。

毛坯房, 公摊 面积 交关 缺唻。

Mao₂₂ pai₄₄ fhang₅₅, gong₃₃ te₄₄ mi₂₂ jik₅₅ jio₃₃ gue₄₄ quik₅₅ lei₃₁.

◆ 多少钱一平方?

多少 钞票 一平方?

Dou₃₃ xio₅₄ cao₅₅ pio₃₃ yik₃₃ bhin₅₅ fang₃₁?

◇ 一万八。

一万 八。

Yik₃₃ fhe₄₄ bak₅₅.

◆ 好的,去看看。

好哪, 去 看看看。

Ho₅₅ na₃₃, qi₄₄ ki₃₃ ki₅₅ ki₃₁.

 租 房

◆ 我想租套房子,离我单位近点。
我 想 租套 房子, 离 阿拉 单位 近眼。
Ngo₂₂₃ xian₃₃₅ zu₅₅ tao₃₃ fhang₂₂ zi₅₁, li₂₂₃ ak₃₃ lak₅₅ de₃₃ whai₄₄ jhin₂₄ nge₃₃。

◇ 你要几室的房子?
倷 要 几室个 房子啦?
Na₂₂₃ yo₃₃₅ ji₃₃ sok₅₅ ghek₃₁ fhang₂₂ zi₅₅ la₃₁?

◆ 一室一厅,最好朝南。
一室 一厅, 顶好 朝南。
Yik₃₃ sok₅₁ yik₃₃ tin₃₅, din₅₅ hao₃₃ jhio₂₂ nai₃₅。

◇ 曙光小区有一个套型挺好的,离你单位也很近。
曙光 小区 有 一只 套型 交关 好,离倷 单位 也 交关 近。
Shuy₂₂ guang₄₄ xio₄₄ qu₅₅ yhu₂₂₃ yik₃₃ zak₅₅ tao₂₂ yhin₄₄ jio₃₃ gue₄₄ hao₃₃₅, li₂₂ nak₄₄ de₃₃ whai₄₄ hha₂₂₃ jio₃₃ gue₄₄ jhin₂₂₃。

◆ 房租多少一个月?
房租 多少 一个月?
Fhang₂₂ zu₄₄ deu₃₃ xio₄₄ yik₂ geu₅₅ yhuik₃₁?

◇ 一千九一个月。
一千 九 一个月。
Yik₂₂ qi₄₄ jhu₃₃₅ yik₂₂ geu₅₅ yhuik₃₁。

◆ 那么贵啊!
介贵啊!

47

Ga$_{44}$ ju$_{33}$ a$_{44}$!

◇ 不贵的,房子在四楼,精装修,空调、热水器都有的。

灭 贵个哦， 房子 来 四楼， 精装修， 空调、 热水器 和总 有个哦。

Mik$_{23}$ ju$_{33}$ ghek$_{55}$ o$_{31}$， fhang$_{22}$ zi$_{44}$ lei$_{223}$ si$_{55}$ luoe$_{33}$， jin$_{33}$ zang$_{44}$ xy$_{55}$， kong$_{33}$ dhio$_{44}$、 nik$_{22}$ suy$_{55}$ qi$_{31}$ hhou$_{24}$ zong$_{33}$ yhu$_{22}$ ghek$_{55}$ o$_{31}$。

◆ 水电煤气费怎么算?

水电 煤气费 咋算算?

Suy$_{55}$ dhi$_{33}$ mai$_{22}$ qi$_{55}$ fi$_{31}$ zhak$_{22}$ soe$_{55}$ soe$_{31}$?

◇ 每个月自己去付。

每个月 自家 去解。

Mai$_{24}$ gou$_{33}$ yhuik$_{31}$ xhi$_{22}$ go$_{44}$ qi$_{33}$ gha$_{51}$。

◆ 小区物业还好吗?

小区 物业 好勿啦?

Xio$_{55}$ qu$_{33}$ fhak$_{22}$ nik$_{44}$ hao$_{55}$ fhak$_{33}$ la$_{31}$?

◇ 挺好的,我们先去看看房子吧!

蛮 好个， 阿拉 先去 看看 房子 好咪!

Me$_{51}$ ho$_{33}$ ghok$_{44}$， ak$_{33}$ lak$_{55}$， xi$_{55}$ qi$_{33}$ ki$_{55}$ ki$_{33}$ fhang$_{22}$ zi$_{44}$ hao$_{22}$ lei$_{44}$!

◆ 好的!

好哪!

Hao$_{55}$ nak$_{33}$!

 酒店订房

◆ 你好!我想订个大床房。

第八课 订房购屋

侬 好！ 我 想 订只 大床房。
Neu$_{223}$ hao$_{335}$！ Ngo$_{223}$ xian$_{535}$ din$_{33}$ zak$_{55}$ dha$_{33}$ shang$_{44}$ fhang$_{55}$。

◇ 有的,六百元一晚。

有个， 六百块 一个 夜到。
Yhu$_{22}$ ghek$_{44}$， lok$_{22}$ bak$_{55}$ kuai$_{31}$ yik$_{33}$ ghok$_{55}$ yha$_{22}$ do$_{51}$。

◆ 我要住三晚,可以打折吗？

我 要 囤 三个 夜到， 好 打 折勿？
Ngo$_{223}$ yo$_{44}$ dhen$_{223}$ se$_{33}$ ghok$_{55}$ yha$_{22}$ do$_{51}$， hao$_{335}$ da$_{335}$ jik$_{55}$ fhak$_{33}$？

◇ 给你打九折吧！

得侬 打 九折好唻！
Dek$_{33}$ neu$_{44}$ da$_{335}$ ju$_{55}$ jik$_{33}$ hao$_{55}$ lei$_{31}$！

◆ 好吧,住宿费里包括早餐吗？

好哪， 住宿费 里向 天亮饭 在内勿？
Ho$_{55}$ na$_{33}$， zhuy$_{22}$ sok$_{33}$ fi$_{31}$ li$_{23}$ xian$_{44}$ ti$_{55}$ lian$_{33}$ fhe$_{31}$ zhei$_{22}$ nai$_{55}$ fhak$_{31}$？

◇ 包括的。

在内个。
Zhei$_{22}$ nai$_{44}$ ghek$_{55}$。

◆ 小孩免费吗？

小人 免费勿？
Xio$_{33}$ nin$_{44}$ mi$_{22}$ fi$_{55}$ fhak$_{31}$？

◇ 一米二十以下小孩免费。

一米 廿 以下 小人 免费。
Yik$_{33}$ mi$_{44}$ nie$_{223}$ yhi$_{22}$ who$_{44}$ xio$_{33}$ nin$_{44}$ mi$_{22}$ fi$_{51}$。

◆ 你们这里可以订机票吗？

倷 搿地 飞机票 好 订勿？
Nak$_{23}$ gik$_{33}$ di$_{44}$ fi$_{33}$ ji$_{55}$ pio$_{31}$ hao$_{335}$ din$_{55}$ fhak$_{33}$？

49

学说宁波话

◇ 可以。
可以。
Keu₅₅ yhi₃₃。

◆ 房间里可以直拨国际电话吗?
房间　里向　国际　电话　好　直拨勿?
Fhang₂₂ ge₄₄ li₄₄ xian₅₅　gok₅₅ ji₃₃　dhi₂₂ hho₄₄　hao₃₃₅　xhik₂₂ bok₅₅ fhak₃₁?

◇ 不能直拨的,国际电话要到商务中心去打。
直拨　勿来哦，国际　电话　要　到　商务中心　去　打。
Xhik₂₂ bok₅₅　fhak₃₃ lei₄₄ o₃₁，gok₅₅ ji₃₃　dhi₂₄ hho₃₃　yo₄₄　do₃₃₅　sang₃₃ whu₄₄ zong₄₄ xin₅₅₁　qi₃₃₅　da₃₃₅。

常用词语

㧽地 gik₃₃ di₄₄ 这里。
缺 quik₅₅ 少。
解 ga₃₃₅ 付。
夜到 yha₂₂ dao₅₁ 晚上。
里向 li₂₃ xian₄₄ 里面。
在内 zhei₂₂ nai₃₅ 包括。

语法要点

1. 宁波话中"个哦 gheko₅₁"连用,相当于"的"表示委婉语气。如:"灭贵个哦!"(不贵的哦!)
2. 指示代词:

搿个 gik₅₅ ghok₃₃ 表示事物的近指和定指。

伊个 yik₅₅ ghok₃₃ 表示事物的远指或另指。

搿地 gik₃₃ di₄₄/搿面 gik₅₅ mi₃₃/堂内 dhang₂₄ nai₃₃/堂地 dhang₂₂ di₅₁ 表示处所的近指。

伊地 yik₃₃ di₅₁ 表示远指或手指或目指处。伊面 yik₅₅ mi₃₃ 表示远指或定指。

3. 宁波话用"V＋勿来"来委婉地表示拒绝。如："小朋友搿地拿物勿来个哦！"（小朋友，这里不能玩的哦。）

 宁波老话链接

买屋买走路，买田买水路 ma₂₂ wok₅₅ ma₂₂₃ zoey₃₃ lu₃₅，ma₂₂ dhi₃₅ ma₂₂₃ suy₅₅ lu₃₁ 意为交通对农事的重要。买走路，犹言买屋首先要选道路便捷；买水路，犹言买田先要选择水上交通便捷的河道。

有吃没吃，只要别囥朝西朝北 yhu₂₂₃ qiok₅₅ mik₂₃ qiok₅₅，jik₅₅ yo₃₃ bhek₂₃ dhen₂₃ jhio₂₂ xi₅₁ jhio₂₂ bok₅₅ 意为吃得好不如住得好。有吃无吃，随便吃些什么；囥，住，居住；朝西朝北，指房屋朝西、北两向，冬冷夏热，不宜居住。

囥囥朝南屋，吃吃湖白谷 dhen₂₄ dhen₃₃ jhio₂₂ nai₃₄ ok₅₅，qiok₅₅ qiok₃₃ whu₂₂₃ bhak₂₂ gok₅₅ 居住在冬暖夏凉朝南的大屋里，吃着产于芜湖的好米，比喻安居足食。

第九课　出行交通

出租车上

◆ 师傅,你要去哪儿?
　师傅,　侬　要　到　阿里去?
　Si$_{33}$ wu$_{44}$,　neu$_{223}$　yo$_{44}$　do$_{335}$　ak$_{33}$ li$_{44}$ qi$_{55}$?

◇ 到万达广场。
　到　万达广场。
　Do$_{335}$　fhe$_{22}$ dak$_{44}$ guang$_{44}$ jhian$_{55}$。

◆ 现在是下班高峰期,路上很堵的。
　个晌　是　落班　高峰期,　路里　蛮　堵个。
　Gek$_{33}$ shang$_{44}$　shi$_{223}$　lok$_{22}$ be$_{23}$　gao$_{33}$ fong$_{44}$ jhi$_{55}$,　lu$_{24}$ li$_{31}$
　me$_{51}$　dhu$_{33}$ ghok$_{44}$。

◇ 开过去要多少时间呢?
　开过去　勿知　要　多少　辰光?
　Ki$_{22}$ geu$_{55}$ qi$_{31}$　fak$_{55}$ jik$_{33}$　yo$_{51}$　deu$_{33}$ xio$_{51}$　shong$_{22}$ guang$_{51}$?

◆ 这就不知道了,要么我们走高架。
　介　就　勿晓得咾,　要末　阿拉　走高架。
　Gak$_{55}$　jhu$_{51}$　fhak$_{22}$ xio$_{44}$ dek$_{55}$ lei$_{51}$,　yo$_{55}$ mek$_{33}$　ak$_{33}$ lak$_{55}$
　zoey$_{22}$ gao$_{44}$ go$_{55}$。

第九课　出行交通

◇ 好吧！你不要去绕圈子哦！
好哪！　侬　冒去　套圈子哦！
Ho$_{55}$ nak$_{33}$！　Neu$_{223}$　mo$_{55}$ qi$_{33}$　tao$_{33}$ qu$_{44}$ zi$_{55}$ o$_{55}$！

◆ 不会的,我也想早点把你送到！
覅个哦，我　也　忖　早眼　拨侬　送送到！
Fhai$_{55}$ ghek$_{33}$ o$_{31}$，ngo$_{223}$　hhak$_{23}$ cen$_{51}$　zo$_{24}$ nie$_{33}$　bok$_{22}$ neu$_{35}$　song$_{55}$ song$_{33}$ dao$_{31}$！

◇ 呀,前面汽车排长队了！
呀，前头　汽车　排　长队唻！
Yak$_{55}$，xhi$_{22}$ dhou$_{44}$　qi$_{55}$ co$_{33}$　bha$_{223}$　jhian$_{22}$ dhai$_{55}$ lei$_{31}$！

◆ 是呢,今天怎么那么堵！你安全带系系好哦！
是哪，今灭　贼介　堵！　侬　安全带　系带好哪！
Shi$_{24}$ nak$_{33}$，ji$_{33}$ mik$_{55}$　zhe$_{24}$ ga$_{33}$　dhu$_{335}$！　Neu$_{223}$　ai$_{22}$ jhyu$_{55}$ da$_{31}$　ji$_{22}$ da$_{55}$ hao$_{33}$ na$_{31}$！

 买火车票

◆ 你好！问一下,今天晚上到南京的火车几时开？
侬　好！　我　得　问问看，今灭　夜到　到　南京个　火车　勿知　嗦　辰光　开？
Neu$_{223}$　hao$_{223}$！　Ngw$_{223}$　dek$_{55}$　men$_{22}$ men$_{44}$ ki$_{55}$，ji$_{33}$ mik$_{55}$　yha$_{22}$ do$_{44}$　dao$_{335}$　ne$_{33}$ jin$_{55}$ ghok$_{31}$　heu$_{55}$ co$_{33}$　fak$_{55}$ jik$_{33}$　so$_{51}$　shong$_{22}$ guang$_{44}$　ki$_{51}$？

◇ 六点四十分有一班。动车没了,高铁票还有。
六点　四十分　有　一班。动车　没唻，高铁票　还有。
Lok$_{33}$ di$_{44}$　si$_{33}$ shok$_{44}$ fen$_{55}$　yhu$_{223}$　yik$_{33}$ be$_{44}$。Dhong$_{24}$ co$_{33}$

53

mek$_{33}$ lei$_{51}$，gao$_{22}$ tik$_{55}$ pio$_{31}$　hha$_{22}$ yhu$_{44}$。

◆ 那就买张高铁票好了。宁波到南京要几个小时？

介　就　买　张　高铁票　好咪。宁波　到　南京　差得
几个　钟头啊？

Gak$_{55}$　jhu$_{223}$　ma$_{24}$　jhian$_{44}$　gao$_{33}$ tik$_{55}$ pio$_{31}$　ho$_{33}$ lei$_{44}$。
Nin$_{22}$ bok$_{55}$ dao$_{335}$　ne$_{22}$ jin$_{44}$　co$_{55}$ dhek$_{33}$　ji$_{33}$ ghek$_{44}$
zhong$_{33}$ dheu$_{55}$ a$_{31}$？

◇ 大概三个半小时。

大约摸　三个　半　钟头。

Dha$_{22}$ yak$_{55}$ mok$_{31}$　se$_{33}$ ghok　bu$_{44}$　zhong$_{33}$ dheu$_{44}$。

◆ 知道了，多少钱？

有数咪，　多少　钞票？

Yhu$_{24}$ su$_{33}$ lei$_{31}$，　dou$_{33}$ xio$_{51}$　co$_{33}$ pio$_{44}$？

◇ 一百八十八元。

一百　八十　八块。

Yik$_{33}$ bak$_{55}$　bak$_{55}$ shok$_{33}$　bak$_{55}$ kuai$_{31}$。

常用词语

师傅 Si$_{33}$ wu$_{35}$ 宁波人对成年男子的尊称，不仅仅局限于师徒关系。

落班 lok$_{22}$ be$_{51}$ 下班。

辰光 shong$_{22}$ guang$_{51}$ 时间。

套圈子 to$_{22}$ qu$_{44}$ zi$_{55}$ 绕圈子，绕路。

夏 Fhai$_{51}$ 不会。

忖 cun$_{51}$ 想。

贼介 zhei$_{55}$ ga$_{33}$ 怎么那么，表示程度深。

嗦辰光 sok$_{51}$ shong$_{22}$ guang$_{44}$ 什么时候。

差得 co₅₅ dhek₃₃ 需要。

大约摸 dha₂₂ yak₅₅ mok₃₁ 大概。

有数 yhu₂₄ su₃₃ u 懂了，知道了，明白了。

语法要点

1. 尝试体：VV 看。

如："问问看 men₂₂ men₃₄ ki₅₁"（问一下）；"头发剪剪看 dhou₂₂ fak₃₅ ji₃₃ ji₄₄ ki₅₅"（头发剪一下）。

2. 宁波话中"我得 ngodek＋V"表示要麻烦别人做某事了，前面可加"麻烦"，如："麻烦得我问声 mo₂₂ fhe₄₄ dek₅₅ ngo₂₂₃ men₅₅ xin₃₃"（麻烦打听一下）。

3. "勿知 fak₅₅ jik₃₃＋要"表示推测。如："勿知要多少辰光 fak₅₅ jik₃₃ yo₃₅ dou₃₃ xio₄₄ shong₂₂ guang₄₄？"（不知要多少时间）。

4. "V＋带"表示一种动态。如："走带去 zoey₂₂ da₅₅ qi₃₁"（走去）；"系带好 ji₂₂ da₅₅ hao₃₁"（系好）。

宁波老话链接

上不上，落不落 shang₂₂₃ fhak₂₂ shang₂₃，lok₂₃ fhak₂₂ lok₂₃ 比喻不尴不尬。落，下。

吃饭吞，走路奔 qiok₃₃ fhe₃₅ ten₅₁，zoey₃₃ lu₄₄ ben₅₁ 比喻急性子。

笨是介笨，问勿肯问 bhen₂₂₃ shi₂₂ gak₄₄ bhen₂₂₃，men₂₂₃ fhek₂₂ ken₄₄ men₂₂₃ 意为愚钝而不谦虚。是介，是那样的意思。

第十课 邮电银行

 在邮局

◆ 劳驾,请问寄包裹在几号窗口?
  麻烦 得我 问声, 寄 包裹 来辣 几号 窗口?
  Mo₂₂ fhe₄₄ dhek₂₂ ngo₄₄ men₂₄ xin₃₁, ji₃₃₅ bao₃₃ geu₄₄ lei₂₂ lak₅₅ ji₃₃ hhao₄₄ cang₃₃ koey₄₄?

◇ 四号窗口。你要寄到哪里?
  四号 窗口。 侬 要 寄到 阿里?
  Si₅₅ hhao₃₃ cang₃₃ koey₄₄。 Neu₂₂₃ yo₄₄ ji₃₃ do₄₄ hhak₃₃ li₃₅?

◆ 成都。再给我一张汇款单好吗?
  成都。 汇款单 再 拨我 一张 好勿?
  Jhin₂₂ du₅₁。 Whai₂₂ ku₅₅ de₃₁ zei₅₁ bek₃₃ ngo₄₄ yik₃₃ jian₄₄ hao₃₃ fhak₅₅?

◇ 桌子上有,可以自己拿。
  桌凳 高头 有, 自家 投 好咪。
  Zok₅₅ den₃₃ gao₃₃ dhou₄₄ yhu₂₂₃, xhi₅₅ go₅₁ dheu₂₂₃ hao₅₅ lei₃₃。

◆ 国内汇款一周会到吗?
  国内 汇款 一礼拜 会到勿?
  Guok₅₅ nai₂₃ hhai₂₂ ku₄₄ yik₃₃ li₅₅ ba₃₁ whai₂₂ do₅₅ fheak₃₁?

◇ 后天就可以到了,你身份证号码填填好!
后日 就 好 到咻, 侬 身份证 号码 填填 好哪!
Hheu₂₂ nik₅₅ jhu₂₂₃ hao₃₃ do₅₅ lei₃₃ , neu₂₂₃ xin₃₃ fhen₄₄ jin₅₅
hhao₂₂ mo₄₄ dhi₂₂ dhi₄₄ hao₅₅ nak₃₃ !

◆ 你们这里有贺年卡卖吗?
倷 个地 贺年卡 有 卖勿?
Nak₅₅ gek₃₃ di₄₄ hhou₂₂ ni₅₅ ka₃₁ yhu₂₂₃ ma₂₄ fhak₃₃ ?

◇ 有的,三元六角一张。
有个, 三块 六角 一张。
Yhu₂₂ ghok₄₄ , se₃₃ kuai₅₁ lok₅₅ gok₃₅ yik₃₃ jhang₃₅ 。

 快递服务

◆ 我要寄个快递。
我 要 寄只 快递。
Ngo₂₂₃ yio₅₁ ji₃₃ zak₄₅ kua₅₅ dhi₃₃ 。

◇ 寄到哪里? 单子先填一下。
寄到 阿里? 单子 先 填填 好。
Ji₅₅ do₃₃ hhak₂₂ li₃₅ ? De₃₃ zi₄₄ xi₅₁ dhi₂₂ dhi₄₄ hao₃₃₅ 。

◆ 北京。邮费多少?
北京。 邮费 多少?
Bok₅₅ jin₃₃ 。 Yhu₂₂ fi₄₄ dou₃₃ xio₃₅ ?

◇ 十元,要称一下,超重要加钱。包裹里面是什么?
十块, 要 称称看, 超重 要 加钞票。 包裹 里向 是 嗦西啦?
Shok₂₂ kuai₄₄ , yo₃₃₅ qin₃₃ qin₄₄ ki₅₅ , qio₃₃ zhong₄₄ yo₃₃₅
go₃₃₅ cao₅₅ pio₃₁ 。 Bao₃₃ geu₄₄ li₄₄ xian₅₅ shi₂₂₃ xik₅₅ xik₃₃ la₃₁ ?

◆ 衣服。多久可以送到?

衣裳。 多长 辰光 好 送到啦?
Yi₃₃ shang₅₁。 Deu₅₅ jhian₃₃ shong₂₂ guang₄₄ hao₃₃₅ song₅₅ dao₃₃ la₃₁?

◇ 两到三天。你电话号码别写错了!

两 到 三日。 侬 电话 号码 冒 填错耶!
Lian₂₂₃ do₄₄ se₃₃ nik₃₅。 Neu₂₂₃ dhi₂₄ who₃₃ hhao₂₂ mo₄₄ mao₄₄ dhi₂₂ ceu₅₅ ei₃₁!

◆ 好!

好!
Hao₅₁!

在银行

◆ 你好,我想存钱。

侬 好, 我 要 存钞票。
Neu₂₂₃ hao₃₃₅, ngo₂₂₃ yo₅₁ chen₂₂ cao₅₅ pio₃₁。

◇ 你要存多少钱?存活期还是定期?

侬 要 存多少? 存 活期 还是 定期?
Neu₂₂₃ yo₄₄ chen₂₂ dou₄₄ xio₅₅? Chen₂₂₃ whok₂₂ jhi₃₅ whak₂₂ shi₂₂ dhin₂₂ jhi₃₅?

◆ 三万,存活期好了。麻烦你帮我查一下这张卡里有多少钱。

三万, 存 活期 好唻。 麻烦 侬 帮我 查查看 个张卡 里 有 多少 钞票?
Se₃₃ fhe₅₁₃, chen₃₇ whek₂₂ jhi₃₅ hao₅₅ lei₃₃。 Mo₂₂ fhe₄₄ neu₂₂₃ bang₃₃ ngo₄₄ zho₂₂ zho₄₄ ki₅₅ gek₅₅ jian₃₃ ka₃₃ li₃₁ yhu₂₂₃ dou₃₃ xio₄₄ cao₅₅ pio₃₃?

◇ 好的,你输一下密码。先生,你办张信用卡好了,以后用起来方便。

好哪, 侬 密码 输记。 先生, 侬 信用卡 办张好唻, 下日 用起来 便当。

$Hao_{55} nak_{33}$, neu_{223} $mik_{22} mo_{44}$ $su_{55} ji_{33}$。 $Xi_{33} san_{51}$, neu_{223} $xin_{55} yhong_{33} ka_{31}$ $bhe_{24} jhian_{33} hao_{55} lei_{31}$, $hho_{24} nik_{33}$ $yhong_{22} qi_{55} lei_{31}$ $bhi_{22} dang_{44}$。

◆ 嗯,你们这里有哪些理财产品,我想看看。

嗯, 傺地方 有嗦 理财 产品, 我 想 看看。

En_{51}, $nak_{22} dhi_{44} fang_{55}$ $yhu_{22} sok_{44}$ $li_{22} zhe_{44}$ $ce_{55} pin_{55}$, ngo_{223} $xian_{335}$ $ki_{55} ki_{33}$。

◇ 好,我们到里面去谈谈。

好, 阿拉 到 里向 去 谈谈。

Hao_{51}, $ak_{33} lak_{55}$ dao_{44} $li_{22} xian_{44}$ qi_{335} $dhe_{24} dhe_{33}$。

常用词语

下日 $hho_{24} nik_{33}$ 以后。

便当 $bhi_{22} dang_{44}$ 方便。

嗦 sok_{55} 什么。

多长辰光 $deu_{55} jhian_{33}$ $shong_{22} guang_{51}$ 多久。

语法要点

1. "来 lei_{223}" "来辣 $lei_{22} lak_{55}$" 表示"在"。如:"侬来阿里? Neu_{223} lei_{223} $hhak_{22} li_{35}$?"(你在哪里?)"寄包裹来了几号窗口? $Ji_{22} bao_{44}$

geu$_{55}$　lei$_{22}$lak$_{55}$　ji$_{33}$hhao$_{51}$　cang$_{33}$kou$_{44}$?"（寄包裹在几号窗口？）

2. 宁波话中的宾语前置句型。

如："汇款单再拨我一张好勿 Whai$_{22}$ku$_{55}$de$_{31}$　zei$_{51}$　bok$_{33}$ngo$_{35}$ yik$_{22}$jian$_{44}$　hao$_{33}$fhak$_{51}$?"（再给我一张汇款单好吗？）"贺年卡有卖勿？Hhou22ni55ka31 yhu223 ma24fhak33?"（有贺年卡卖吗？）

3. "记 51"表示动作的短时态，可解释为"一下"。如："密码输记 mik$_{22}$mo44　su$_{55}$ji$_{33}$"（密码输一下）。

4. "地 di$_{51}$""地方 dhi$_{22}$fang$_{51}$"表示处所。"地方"可以用在人的后面表示处所，如："我地方"就是"我这儿"，"张阿姨地方"就是"张阿姨这儿"；"地"前面加"个"或"伊"表示这里。"伊地"前面也可加人称代词表示"这里"，如"侬伊地"表示"你这里"。

宁波老话链接

一分价钿一分货 yi$_{33}$fen$_{44}$go$_{55}$dhi$_{33}$ yik$_{33}$fen$_{44}$heu$_{51}$ 比喻货物名副其实。价钿，价格；货，货物质量，货色。

眼头活络，小苦勿吃 nge$_{24}$dheu$_{33}$ whok$_{22}$lok$_{35}$ xio$_{55}$ku$_{33}$ fhek$_{22}$qiok$_{55}$ 意为灵活不吃亏。眼头，眼光，眼神，引申为对所见的反应；活络，灵活，反应迅速；小苦，苦头，磨难，不幸；勿吃，不吃，受不到。

做一行，怨一行 zeu$_{55}$yik$_{33}$hhang$_{31}$，yu$_{55}$yik$_{33}$hhang$_{31}$ 意为每一个行业做起来都会有困难。怨，抱怨。

第十一课 逛街购物

逛天一广场

◆ 今天天气很好,我们到天一广场去逛逛怎么样?
今灭 天家 交关 好,阿拉 到 天一 广场 去 荡荡 咋话?
Ji₃₃ mik₅₅ ti₃₃ go₄₄ jio₃₃ gue₄₄ hao₃₃₅ , ak₃₃ lak₅₅ dao₃₃₅ ti₃₃ yik₅₅ guang₃₃ jhian₄₄ qi₄₄ dhang₂₄ dhang₃₃ zha₂₂ who₄₄?

◇ 好的,我们怎么过去呢?
好 哪, 阿拉 咋去去捏?
Hao₅₅ nak₃₃, ak₃₃ lak₅₅ zha₂₂ qi₅₅ qi₃₃ niek₃₁?

◆ 非常方便,地铁一号线、两号线都到那边的。
覅好 方便唻, 地铁 一号线、两号线 和总 到 伊边 个噢。
Fhai₅₅ hao₃₃ fang₃₃ bhi₅₅ lei₅₁ , dhi₂₂ tik₄₄ yik₃₃ hhao₅₅ xi₃₁、lian₂₄ hhao₃₃ xi₃₁ hho₂₄ zong₃₃ dao₄₄ yik₅₅ bi₃₃ ghek₃₃ o₃₁。

◇ 天一广场的那些喷泉很漂亮,今天不知道会不会喷水。
天一广场 眼 喷泉 交关 孅, 今灭 勿知 会 喷非。
Ti₃₃ yik₄₄ guang₄₄ jhian₅₅ nge₅₁ pen₃₃ jhu₄₄ jio₃₃ gue₄₄ ze₃₃₅ , ji₃₃ mik₅₅ fak₂₂ ji₃₃ whai₂₂₃ pen₅₅ fhai₃₁。

 学说宁波话

◆ 晚上会喷的。我们可以逛逛商场,银泰、二百、酷购都在那边。
夜到 会 喷个哦。 阿拉 先 荡荡 商场,银泰、二百、酷购 和总 来辣 伊边。
Yha₂₂ dao₄₄ whai₂₂₃ pen₅₅ ghek₃₃ o₃₁。ak₃₃ lak₅₅ xi₅₁ dhang₅₅ dhang₃₃ sang₃₃ jhian₄₄, nin₂₂ ta₄₄、ni₂₂ bak₅₅、ku₅₅ goey₃₃ hheu₂₄ zong₃₃ lei₂₂ lak₄₄ yik₅₅ bi₅₃。

◇ 吃饭的地方有吗?
吃饭 地方 有勿?
Qiok₃₃ fhe₃₅ dhi₂₂ fang₄₄ yo₂₂ fhak₅₅?

◆ 很多的,缸鸭狗、向阳渔港还有外婆桥都在那边。
覅好 多唻, 缸鸭狗、向阳渔港, 还有 外婆 桥, 和总 来辣 伊边。
Fhai₂₄ hao₃₃ deu₅₅ le₃₃, gang₃₃ ak₅₅ goey₃₁、xian₅₅ yhan₃₃ yhu₃₃ gang₃₁, hha₂₂ yhu₃₅ na₂₂ bheu₄₄ jhio₅₅, hheu₂₄ zong₃₃ lei₂₂ lak₅₅ yik₅₅ bi₃₃。

◇ 那我们快去吧!
介 阿拉 快去哪!
Gek₅₅ ak₃₃ lak₅₅ kua₃₃ qi₅₅ na₃₁!

 逛商场

◆ 我想买双鞋子。
我 想 买双 鞋爿。
Ngo₂₂₃ xian₃₃₅ ma₂₄ sang₃₃ hha₂₂ bhe₄₄。

◇ 小姐,你要高跟鞋还是平底鞋?
小姐, 侬 要 高跟鞋 还是 平底鞋?
Xio₅₅ jia₃₃, neu₂₂₃ yo₃₃₅ go₃₃ gen₄₄ hha₅₅ whak₂₂ shi₃₅ bhin₂₂

di$_{44}$ hha$_{55}$?

◆ 我想试试高跟鞋。

我　想　试试　高跟鞋。

Ngo$_{223}$　xian$_{335}$　si$_{55}$ si$_{33}$　gao$_{33}$ gen$_{44}$ hha$_{55}$。

◇ 这双是今年新款,你试一下吧！你穿几码呢？

个双　是　今年　新款，　侬　试试看！　侬　穿　几号啊？

Gek$_{55}$ sang$_{33}$　shi$_{223}$　jin$_{33}$ ni$_{44}$　xin$_{33}$ ku$_{44}$，　neu$_{223}$　si$_{33}$ si$_{44}$ ki$_{55}$！
　　Neu$_{223}$　coe$_{51}$　ji$_{33}$ hho$_{55}$ a$_{31}$?

◆ 三十六码。

三十　六号。

Se$_{33}$ shek$_{55}$　lok$_{22}$ hhao$_{35}$。

◇ 样子非常好,买一双去吧？

样子　交关　孃咪，　带双　去勿？

Yhan$_{22}$ zi$_{44}$　jio$_{33}$ gue$_{44}$　ze$_{55}$ lei$_{31}$，　da$_{55}$ sang$_{33}$　qi$_{33}$ fhak$_{44}$?

◆ 多少钱？

价钿　多少？

Go$_{55}$ dhi$_{33}$　deu$_{22}$ xio$_{44}$?

◇ 一千两百八。

一千　两百　八。

Yik$_{33}$ qi$_{44}$　lian$_{24}$ bak$_{33}$　bak$_{55}$。

◆ 那么贵啊！可以便宜点吗？

价钿　介　大啊！　好　便宜眼勿？

Go$_{55}$ dhi$_{33}$　ga$_{51}$　dheu$_{22}$ a$_{44}$！　Hao$_{44}$　bhi$_{22}$ ni$_{55}$ nge$_{3}$ fhak$_{31}$?

◇ 给你打八折。

得侬　打　八折。

Dek$_{33}$ neu$_{44}$　da$_{335}$　bak$_{55}$ jik$_{31}$。

◆ 鞋子质量没问题吧？

鞋爿　质量　灭　问题个哦？

$Hha_{22} bhe_{44}$　$jik_{55} liang_{33}$　mik_{51}　$fhen_{22} dhi_{55} ghek_{33} o_{31}$?

◇ 你放心吧！我们的鞋子一年内保修的。

侬　放心好唻！　阿拉　鞋刡　一年内　保修个哦。

Neu_{223}　$fang_{55} xin_{33} hao_{33} lei_{31}$!　$Ak_{33} lak_{55}$　$hha_{22} bhe_{44}$　$yik_{33} ni_{55} nai_{31}$　$bao_{33} xu_{55} ghek_{33} o_{31}$.

◆ 好吧，收银台在哪里？

好哪，　收银台　来　阿里？

$Hao_{55} nak_{33}$,　$xu_{33} nin_{44} dhe_{55}$　lei_{223}　$hhak_{22} li_{35}$?

◇ 楼梯左边。

路梯　借手边。

$Lu_{22} ti_{35}$　$jia_{24} xu_{33} bi_{31}$.

常用词语

天家 $ti_{33} go_{51}$ 天气。

荡荡 $dhang_{22} dhang_{51}$ 逛逛。常读成 $dha_{22} dha_{51}$。

咋话 $zha_{22} who_{51}$ 怎么样。

眼 nge_{51} 一点儿，一些。

伊边 $yik_{55} bi_{33}$ 那边。

号 $hhao_{223}$ 码。

价钿 $go_{55} dhi_{33}$ 价格。

鞋刡 $hha_{22} bhe_{35}$ 鞋子。

语法要点

1. 咋话 $zha_{22} who_{51}$ 放在句末，表示征求意见，有"怎么样"之意。

如:"个件衣裳咋话? Gek₅₅ jhi₃₁ yi₃₃ shang₅₁ zha₂₂ whho₅₁?"(这件衣服怎么样?)有时,"咋话"放在人称代词后面,表示询问或挑衅之意。如:"侬派咋话? Neu₂₂₃ pa₃₃₅ zha₂₂ who₄₄?"(你想怎样?)

2. 勿知……非 fak₅₅ ji₃₃……fhai₅₁ 有"不知道会不会"之意。如:"其勿知会来非? Ghi₂₂₃ fak₅₅ jik₃₃ whai₂₂₃ lei₂₂ fhai₃₅"(他不知道会不会来?)

3. 价钿介大 go₅₅ dhi₃₃ ga₅₁ dhou₂₂₃ 表示"那么贵"之意。

宁波老话链接

外行生意勿可做,内行生意勿可错 nga₂₂ hhang₄₄ san₃₃ yi₄₄ fhak₂₂ keu₄₄ zeu₅₅,nai₂₂ hhang₄₄ san₃₃ yi₄₄ fhak₂₂ keu₄₄ ceu₅₅ 意为做生意只能经营自己熟悉的业务。

金字招牌硬黄货 jin₃₃ shi₄₄ jio₃₃ bha₄₄ ngan₂₂₃ whang₂₂ heu₅₁ 意为商店的品牌是最靠得住的。金字招牌,比喻久经顾客检验并信得过的店号名牌;硬黄货,原意为黄金,引申为值钱。

打来辱来,蚀本勿来 da₃₃₅ lei₂₂₃ shok₂₃ lei₂₂₃,xhik₂₂ ben₄₄ fhek₂₂ lei₃₅ 意为可以忍气吞声,但不可亏本。辱,骂;来,可以配合,可以做一下;蚀本,亏本。

小头勿去,大头勿来 xio₃₃ dhoey₄₄ fhek₂₂ qi₃₅,dheu₂₂ dhoey₃₅ fhak₂₃ lei₂₂₃ 意为没有小的付出,不会有大的收获,一般指在生意中要损失或让出些小利益,以期更大的利益;小头,指小利益;大头,指大利益。

第十二课 走亲访友

去亲戚家

◆ 奶奶家好久没去了。
  阿娘　屋里　有抢　没去的唻。
  Ak₅₅ nian₃₃　ok₅₅ li₃₃　yhu₂₂ qian₄₄　mak₂₂ qi₅₅ dik₅₅ lei₃₃。

◇ 是呀,我们下午去看看她好吗?
  是哪,　阿拉　下半日　去　望望其　好勿?
  Shi₂₄ nak₃₃,　ak₃₃ lak₅₅　hho₂₂ bu₅₅ nik₃₁　qi₃₃₅　mang₂₂ mang₅₅ jhi₃₁　hao₃₃ fhak₅₅?

◆ 奶奶现在很忙的,上午到社区去帮忙,下午经常去打麻将。
  阿娘　猾抢　交关　忙唻,　上半日　到　社区　去　帮　忙,
  　下半日　老老　去　搓　麻将。
  Ak₅₅ nian₃₃　gek₃₃ qin₃₃　jio₃₃ gue₄₄　mang₂₄ lek₇₃,　shang₂₂ bu₅₅ nik₃₁　dao₄₄　sho₂₃ qu₄₄　qi₄₄　bang₅₁　mang₂₂₃,　hho₂₄ bu₃₃ nik₃₁　lao₂₄ lao₃₃　qi₃₃₅　co₅₁　mo₂₃ jian₄₄。

◇ 那我们过去,她不知道在不在。
  介　阿拉　过去,　其　勿知　来的勿?
  Gak₅₅　ak₃₃ lak₅₅　gou₅₅ qi₄₄,　jhi₂₂₃　fak₆₅ jik₃₃　lei₂₄ dik₃₃ fhe₂₂₃?

◆ 我们先打个电话问一下。

阿拉 先 电话 打只 问问看。
Ak₃₃ lak₅₅ xi₅₁ dhi₂₄ who₃₃ dha₂₄ zak₃₃ men₂₂ men₄₄ ki₅₅.

◇ 好的。我们买点什么东西去呢?
好哪。 阿拉 买眼 嗦东西 去呢?
Hao₅₅ nak₃₃。 ak₃₃ lak₅₅ ma₂₃ nie₄₄ sok₅₅ dong₃₃ xi₃₁ qi₂₄ ni₃₃?

◆ 买点水果就够了,要不再买箱牛奶。
水果 买眼 去 就 够哓, 要末 牛奶 再 带箱去。
Suy₅₅ geu₃₃ ma₂₃ nge₄₄ qi₃₃₅ jhu₂₂₃ goey₅₅ lei₃₃, yo₅₅ mek₃₃ ngoey₂₂ na₄₄ ze₅₁ da₂₄ xian₃₃ qi₃₁。

◇ 好的,我先打个电话问她在不在。
好哪, 我 先 电话 打只 问其 来的勿。
Hao₅₅ nak₃₃, ngo₂₂₃ xi₃₃₅ dhi₂₄ who₃₃ da₃₄ zak₅₅ men₂₂ jhi₄₄ lei₂₄ dik₃₃ fhe₃₁。

探望病人

◆ 你还好吗? 怎么住院了?
侬 还好勿啦? 咋会 住院盖哓?
Neu₂₂₃ whak₂₂ hao₄₄ fhak₅₅ la₃₁? Zha₂₄ whai₃₃ zhuy₂₂ yhu₄₄ gi₅₅ lei₅₅?

◇ 阑尾炎,发作起来真的痛死。
盲肠炎, 发作哓 真正 痛煞。
Mang₃₃ jhian₄₄ yhi₅₅, fak₅₅ zok₅₅ lei₃₁ jin₃₃ jin₄₄ tong₅₅ sak₃₃。

◆ 那你要注意了,东西不要乱吃。
介 侬 要 当心哓, 东西 冒 乱吃。
Gak₅₅ neu₂₂₃ yo₃₃₅ dang₃₃ xin₅₅ lei₃₁, dong₃₃ xi₄₄ mao₂₂₃ lag₂₂ qiok₅₅。

◇ 是啊,前天吃了点剩菜,晚上就不对劲了。

是哪， 前日子 吃了眼 剩下饭， 夜到 就 勿对咪。
Shi₂₄ nak₃₃， xhi₂₂ nik₅₅ zi₃₁ qiok₂₄ lak₃₃ nge₃₁ jhin₂₂ wo₅₅ fhe₃₁，
yha₂₂ dao₄₄ jhu₂₂₃ fhak₂₂ dai₅₅ lei₃₁。

◆ 年纪大了，更加要保养啊！
年纪 大咪， 愈加 要 保养！
Ni₂₂ ji₄₄ dheu₂₂ lei₄₄， yu₅₅ go₃₃ yo₃₃₅ bao₅₅ yhan₃₃！

◇ 嗯，你还要拿东西过来，我真不好意思！
嗯， 侬 还要 东西 扚带过来， 我 真正 过意勿去！
En₅₁， neu₂₂₃ whak₂₂ yo₄₄ dong₃₃ xi₄₄ dheu₂₂ da₅₅ geu₅₅ le₃₁，
ngo₂₂₃ jin₃₃ jin₄₄ geu₂₄ yi₃₃ fhek₃₃ qi₃₁！

◆ 你不要跟我客气了，好好休息！
侬 冒得我 客气咪， 好好叫 休息！
Neu₂₂₃ mo₂₄ dek₃₃ ngo₃₁ kak₅₅ qi₃₃ lei₅₁， hao₅₅ hao₃₃ jio₃₁ xu₃₃ xik₅₅！

阿娘 ak₅₅ nian₃₃ 奶奶。

有抢 yhu₂₄ qiang₃₃ 好久。

望望 mang₂₂ mang₄₄ 看看，看望。

上半日 shang₂₂ bu₅₅ nik₃₁ 上午。

下半日 hho₂₄ bu₃₃ nik₃₁ 下午。

老老 lao₂₄ lao₃₃ 常常。

搓麻将 co₅₁ mo₂₃ jian₄₄ 打麻将。

真正 jin₃₃ jin₅₁ 非常，表示程度深。

前日子 xhi₂₂ nik₅₅ zi₃₁ 前天。

剩下饭 jhin₂₂ hho₅₅ fhe₃₁ 剩菜。

愈加 yu₅₅ go₃₃ 更加。

过意勿去 geu₅₅ yi₃₃ fhak₄₄ qi₃₁ 不好意思。

语法要点

一、"来的""来盖"的"存续体"和"进行体"用法

"来的 lei₂₂ dik₄₄""来盖 lei₂₂ gi₅₁"可用在动词后面,表示"在"的意思。如:"其屋里厢来盖"(她在屋子里);"其学校来的"(他在学校)。"来的"和"来盖"还可表示动作的进行时,如:"阿娘来盖搓麻将"(奶奶在打麻将);"我来的做生活"(我在干活)。

二、形容词叠词+"叫"的用法

宁波话中形容词重叠加"叫",表示一种状态。如:"好好叫"(好好地);"慢慢叫"(慢慢地)。

三、V+带+V 来

宁波话中动词加补语常常有这样的用法,如"爬起来"用"爬带起来";"拿过来"用"挖带过来"表示。

宁波老话链接

老凑老,讲讲有味道 lao₂₂₃ coey₃₃₅ lao₂₂₃, gang₃₃ gang₄₄ yhu₂₂₃ mi₂₂ dao₄₄ 老人之间有共同语言。老,老人;凑,相交;有味道,有滋味,引申为志趣相同、话题相通。

眼睛生在脑壳头 nge₂₄ jin₃₃ san₃₃ lak₅₅ nao₂₄ kok₃₃ dhory₃₁ 比喻眼睛朝天,目中无人。脑壳头,脑门、额头。

言话讲道理,带鱼吃肚皮 hhe₂₂ hho₄₄ gang₃₃₅ dhao₂₄ li₃₁, da₅₅ n₃₃ qiok₅₅ dhu₂₄ bhi₃₃ 意为说话要有理。吃,以……为好吃;肚皮,指带鱼的肚子部分有脂肪的肉。

第十三课 请人帮忙

 修理抽水马桶及电路

◆ 你好,是物业吗?我想请你们派个人来帮我修理一下抽水马桶。

侬 好, 是 物业勿? 我 想 请 倷 派个 人 过来 帮 我 修修 抽水马桶。

Neu₂₃ hao₃₃₅, shi₂₂₃ fhek₂₂ nik₅₅ fhak₃₁? Ngo₂₂₃ xian₃₃₅ qin₃₃ nak₄₄ pa₃₃ geu₄₄ ni₂₂₃ geu₅₅ lei₃₃ bang₃₃ ngo₄₄ xiu₃₃ xiu₄₄ qu₃₃ suy₃₃ mo₃₃ dhong₃₁。

◇ 好的,你住在几号楼?

好个, 侬 囥辣 几号楼?

Hao₅₅ ghok₃₃, neu₂₂₃ dhen₂₂ lak₄₄ ji₃₃ hhao₅₅ loey₃₁?

◆ 三十七号,602。

三十 七号, 六 零 二。

Se₃₃ shok₄₄ qik₃₃ hhao₃₅, lok₂₃ lin₂₂₃ lian₂₃。

◇ 师傅马上来。

师傅 马上 来。

Si₃₃ whu₄₄ mo₂₄ shang₃₃ lei₂₂₃。

◆ 谢谢!

谢谢!

Xhia$_{22}$ xhia$_{44}$。

◇ 你好,抽水马桶坏在什么地方?

侬　好，抽水马桶　坏辣　嗦　地方?

Neu$_{223}$　hao$_{335}$，qu$_{33}$ suy$_{55}$ mo$_{33}$ dhong$_{31}$　wha$_{22}$ lak$_{44}$　sok$_{51}$ dhi$_{22}$ fang$_{44}$?

◆ 一直漏水。

是介　漏水。

Shi$_{24}$ gha$_{33}$　loey$_{22}$ suy$_{44}$。

◇ 让我看看,哦,橡皮圈坏掉了。

拨我　看看哦，　橡皮圈　坏掉盖唻。

Bok$_{33}$ ngo$_{44}$　ki$_{55}$ ki$_{33}$ o$_{31}$，　xhian$_{22}$ bhi$_{44}$ qu$_{55}$　wha$_{22}$ dhiao$_{55}$ gei$_{33}$ lei$_{31}$。

◇ 你准备怎么修?

侬派　咋修修啦?

Neu$_{24}$ pa$_{33}$　zha$_{22}$ xu$_{55}$ xu$_{33}$ la$_{31}$?

◇ 换个橡皮圈就好了。

橡皮圈　调只　就　好唻。

Xhian$_{33}$ bhi$_{44}$ qu$_{55}$　dhiao$_{24}$ zhak$_{33}$　jhu$_{223}$　hao$_{55}$ lei$_{31}$。

◆ 师傅,我房间里有一盏电灯接触很不好,麻烦你等下也帮我看一下。

师傅，我　房间里　有盏　电灯　接触　交关　推板，麻烦侬　等一等　也　帮我　看看。

Si$_{33}$ whu$_{44}$，ngo$_{223}$　fhang$_{33}$ ge$_{55}$ li$_{31}$　yhu$_{24}$ ze$_{33}$　dhi$_{22}$ den$_{44}$　jik$_{55}$ cok$_{33}$　jio$_{33}$ gue$_{44}$　tai$_{33}$ be$_{44}$，mo$_{22}$ fhe$_{55}$ neu$_{31}$　dhen$_{24}$ ek$_{33}$ dhen$_{33}$　hha$_{223}$　bang$_{33}$ ngo$_{44}$　ki$_{33}$ ki$_{35}$。

◇ 没问题。

没　问题。

Mak$_{55}$　fhen$_{22}$ dhi$_{44}$。

 找寻失物

◆ 我一只钱包找不到了。
   我　一只　皮夹子　寻勿着哎。
   Ngo$_{223}$　yik$_{33}$ zak$_{55}$　bhi$_{33}$ gak$_{44}$ zi$_{55}$　xhin$_{22}$ fhak$_{55}$ zhok$_{33}$ le$_{31}$。

◇ 你想想，什么时候丢掉的？
   侬　忖忖看，　嗦　辰光　甩落个？
   Neu$_{223}$　cen$_{22}$ cen$_{44}$ ki$_{55}$，　so$_{51}$　shong$_{22}$ guang$_{35}$　dok$_{55}$ lok$_{33}$ ghek$_{31}$？

◆ 刚才还在的！
   待忙　还来的嘛！
   Dhe$_{22}$ mang$_{44}$　wha$_{22}$ lei$_{44}$ dik$_{55}$ ma$_{31}$！

◇ 是不是被小偷给偷走了？
   是勿是　拨　冲手　冲去盖哎？
   Shi$_{24}$ fhak$_{55}$ shi$_{31}$　bok$_{55}$　cong$_{55}$ xy$_{33}$　cong$_{55}$ qi$_{33}$ gi$_{55}$ lei$_{31}$？

◆ 有可能，钱包里有一千元左右的钱，还有身份证和银行卡，丢了真的很麻烦！
   吭数个，　皮夹子　里　有　千把块　钞票，还有　身份证
   银行卡，　甩落　交关　犯规！
   M$_{33}$ suy$_{55}$ ghok$_{31}$，　bhi$_{33}$ gak$_{44}$ zi$_{55}$　li$_{223}$　yhu$_{223}$　qi$_{33}$ bo$_{55}$ kuai$_{31}$
   cao$_{55}$ pio$_{55}$，　whak$_{22}$ yhu$_{35}$　xin$_{33}$ fhen$_{44}$ jin$_{55}$　nin$_{22}$ hhang$_{55}$ ka$_{31}$，
   　dok$_{55}$ lok$_{33}$　jio$_{33}$ gue$_{44}$　fhe$_{22}$ gue$_{44}$！

◇ 那我们快点去报警吧！
   介　阿拉　快眼　去　报警哪！
   Gak$_{55}$　ak$_{55}$ lak$_{31}$　kua$_{55}$ nge$_{33}$　qi$_{335}$　bo$_{33}$ jin$_{44}$ na$_{55}$！

◆ 你和我一起去！
   侬　得我　时待去！

Neu₂₂₃ dek₂₂ ngo₄₄ shi₂₂ dhai₄₄ qi₅₅!

常用词语

派 pa₃₃₅ 准备。
是介 shi₂₄ gha₃₃ 总是。
调 dhio₂₂₃ 换。
推板 tai₃₃ be₅₁ 不好,坏。
皮夹子 bhi₃₃ gak₄₄ zi₅₅ 钱包。
寻勿着 xhin₂₂ fhak₅₅ zhok₃₁ 找不到。
丢落 dok₅₅ lok₃₃ 丢掉。
待忙 dhai₂₂ mang₅₁ 刚才。
冲手 cong₅₅ xy₃₃ 小偷。
冲 cong₅₁ 偷。
呒数 M₃₃ su₅₁ 没准,有可能。
犯规 fhe₂₄ gue₃₃ 麻烦,讨厌。

语法要点

完成体
宁波话中用"盖唻 gi₅₅ lei₃₃"表示事件的完成或实现。如:"电灯坏掉盖唻。"(电灯坏掉了。)

宁波老话链接

人靠良心树靠根,走路纯靠脚后跟 nin₂₂₃ kao₅₁ lian₂₂ xin₅₁ shuy₂₂₃

kao$_{335}$ gen$_{51}$，zoey$_{33}$ lu$_{44}$ shong$_{24}$ kao$_{33}$ jik$_{33}$ hhoey$_{44}$ gen$_{55}$ 比喻句，意为立身须有良知。纯靠，完全依靠。

大懒差小懒，小懒差石板 dheu$_{22}$ le$_{44}$ ca$_{51}$ xio$_{33}$ le$_{35}$，xio$_{33}$ le$_{35}$ ca$_{51}$ shak$_{22}$ bhe$_{35}$ 意为懒惰的人老支使别人干活，结果一事无成。差，支使、指派；差石板，意为没人可指派，只能指派给不会动的石板，作为一句推托之词，而不愿自己去完成。

搭侬客气，还当福气 dak$_{33}$ neu$_{44}$ kak$_{55}$ qi$_{33}$，whak$_{22}$ dang$_{44}$ fok$_{55}$ qi$_{33}$ 本意是把别人的客气当作献媚，反而摆起谱来，比喻不识相，犹言给你脸不要脸。搭侬，给你；福气，指注定的福分。

第十四课 生病就医

 在中医诊疗室

◆ 医生,我这几天总是睡不着,脸上也长了点东西。
医生, 我 个两日 是介 睏勿着, 面孔 也 发出唻。
Yi₃₃ san₅₁, ngo₂₂₃ gek₅₅ lian₃₃ nik₃₁ shi₂₄ ga₃₃ kun₅₅ fhek₃₃ zhok₃₁, mi₂₂ kong₄₄ hha₂₂₃ fak₅₅ cok₃₃ lei₃₁。

◇ 为什么睡不着?工作压力很大吗?
阿嗦该 睏勿着? 工作 压力 交关 大啊?
Ak₃₃ sok₅₅ gi₃₁ kun₅₅ fhak₃₃ zhok₃₁? Gong₃₃ zok₄₄ ak₅₅ li₃₃ jio₃₃ gue₄₄ dheu₂₂ a₄₄?

◆ 上班倒还好,就是睡觉前总是想东想西的,就睡不着了。
上班 倒 还好, 就是 睏觉 前 老老 东忖 西忖, 就 睏勿着唻。
Shang₂₂ be₄₄ dao₃₃₅ whak₂₂ hao₃₅₄, jhy₂₄ shi₃₃ kun₃₃ gao₄₄ xhi₂₂₃ lao₂₄ lao₃₃ dong₅₅ cen₃₃ xi₅₅ cen₃₃, jhu₂₂₃ kun₅₅ fhak₃₃ zhok₃₃ lei₃₁。

◇ 多长时间了?
多长 辰光啦?
Deu₅₅ jhian₃₃ shong₂₂ guang₅₅ la₃₁?

 学说宁波话

◆ 一个月左右。

一个月　横里。

Yik₃₃ geu₄₄ yuik₅₅　wan₅₅ li₃₃。

◇ 舌头伸出来让我看看,嗯,湿气有点重,心火很旺。

舌头　伸出　拨我　看看，嗯，湿气　有眼　重，心火　交关　旺。

Xhik₂₂ dheu₄₄　xin₃₃ cok₄₄　bok₃₃ ngo₄₄　ki₃₃ ki₄₄，en₅₁，xik₅₅ qi₃₃　yhu₂₄ nge₃₃　zhong₂₂₃，xin₃₃ heu₄₄　jio₃₃ gue₄₄　whang₂₂₃。

◆ 是呀,脸上发得厉害。

是哪，面孔　发得　糊哒哒。

Shi₂₄ nak₃₃，mi₂₂ kong₄₄　fak₅₅ dek₃₃　whu₂₂ dha₅₅ dha₃₁。

◇ 要吃点中药,清火安神。

要　吃眼　中药，清火　安神。

Yo₅₁　qiok₅₅ nie₃₃　zong₃₃ yhik₄₄，qin₃₃ heu₅₁　ai₂₂ shong₄₄。

 买药治病

◆ 我要买点感冒药。

我　要　买眼　感冒药。

Ngo₂₂₃　yo₅₁　ma₂₄ nge₃₃　gi₃₃ mao₅₅ yhik₃₁。

◇ 你什么地方不舒服?

侬　阿里　勿爽快?

Neu₂₂₃　ak₃₃ li₃₅　fhak₂₂ sang₅₅ kua₃₁?

◇ 头疼、咳嗽,鼻子也塞住了。

头痛，咳嗽，鼻头　也　塞牢唻。

Dhoey₂₄ tong₃₅，kak₃₃ soey₃₅，bhik₂₂ dhoey₃₅　hha₂₂₃　sak₅₅ lao₃₃ lei₃₁。

◇ 你是感冒了,体温高吗?

侬　是　伤风的唻，热度　有勿？
Neu₂₂₃ shi₂₂₃ sang₃₃ fong₅₅ dik₃₃ lei₃₁, nik₂₂ dhu₄₄ yhu₂₂ fhak₃₅?

◆ 稍微有点热度,头很晕。
稍微　有眼　寒热，头　交关　晕。
Sao₃₃ wai₅₁ yhu₂₄ nge₃₃ hhai₂₂ nik₅₁, dheu₂₂₃ jio₃₃ gue₄₄ yhong₂₂₃.

◇ 你开点感冒药去,消炎药也要一起吃。
侬　感冒药　去　开眼，消炎药　也要　时待吃。
Neu₂₂₃ gi₅₅ mao₃₃ yhik₃₁ qi₃₃₅ ki₃₃ nge₃₅, xio₃₃ yhi₅₅ yhik₃₁ hhak₃₃ yio₅₁ shi₂₂ dhai₃₄ qiok₅₁.

◆ 嗯,怎么吃？
嗯，咋吃吃？
En₅₁, zha₂₂ qiok₅₅ qiok₃₁?

◇ 一天三次,一次两粒,饭后半个小时服用。
一日　三回，一回　两粒，饭后　半个　钟头吃。
Yik₃₃ nik₅₅ se₃₃ whai₅₁, yik₃₃ whai₅₁ lian₂₄ lik₃₃, fhe₂₂ hheu₄₄ bu₅₅ geu₃₃ zong₃₃ dheu₄₄ qiok₅₅.

◆ 好,谢谢!
好，谢谢!
Hao₅₁, xhia₃₃ xhia₄₄!

◇ 好好休息,过几天就好了。
好好叫　休息，过两日　就　会得　好唻。
Hao₅₅ hao₃₃ jio₃₁ xiu₃₃ xik₅, geu₅₅ lian₃₃ nik₃₁ jhu₂₂₃ whai₂₂ dek₄₄ hao₅₅ lei₃₃.

 身体检查

◆ 你这种情况要先去验个血,做个 B 超。

依 个 种 情况 要 先 去 验血，做只 B 超。
Neu₂₂₃ gek₅₅ zhong₃₃ qhin₂₄ khuang₃₃ yo₅₁ xi₃₃₅ qi₄₄ nie₂₂ xiok₅₅，zeu₃₃ zhak₅₅ bhi₂₂ qio₅₁。

◇ 验血在什么地方？
验血 来辣 嗦地方？
Nie₂₂ xiok₅₁ lei₂₂ lak₄₄ sok₅₅ dhi₃₃ fang₃₁？

◆ 三号楼一楼,你先去缴费开单子。
三号楼 一楼，依 先去 缴费，单子 开开 好。
Se₃₃ hhao₅₅ loey₃₁ yik₅₅ loey₃₃，neu₂₂₃ xi₅₅ qi₃₃ jio₃₃ fi₄₄，de₃₃ zi₄₄ ki₃₃ ki₃₃ hao₃₃₅。

◇ B 超室也在同个地方吗？
B 超室 也 来辣 左塌 地方啊？
Bhi₂₂ qio₅₅ sok₃₁ hha₂₂₃ lei₂₂ lak₄₄ zeu₅₅ tak₃₃ dhi₂₂ fang₄₄ a₃₁？

◆ 在三号楼四楼,做 B 超前要多喝水哦。
来辣 三号楼 四楼，做 B超前 茶 要 多喝眼。
Lei₂₂ lak₄₄ se₃₃ hhao₅₅ loey₃₁ si₅₅ loey₃₃，zeu₃₃₅ bhi₂₂ qio₅₅ xhi₃₁ zho₂₂₃ yo₅₁ deu₃₃₅ hak₅₅ nge₃₁。

常用词语

睏勿着 kun₅₅ fhek₃₃ zhok₃₁ 睡不着。

阿嗦该 ak₃₃ sok₅₅ gi₃₁ 为什么。

老老 lao₂₄ lao₃₃ 总是。

东忖西忖 dong₃₃ cen₅₁ xi₃₃ cen₄₄ 想东想西。

糊哒哒 whu₂₂ dha₅₅ dha₃₁ 乱七八糟。

爽快 sang₅₅ kua₃₅ 舒服。

鼻头 bhik₂₂ dhoey₃₅ 鼻子。

伤风 sang₃₃ fong₅₁ 感冒。
来辣 lei₂₂ lak₄₄ 在。
左塌 zeu₅₅ tak₃₃ 同个。
茶 zho₂₂₃ 水。

1. 表示数字的词＋"横里 whang₅₅ li₃₃"表示"大约"。如："其大概六十横里。"（她大概六十岁左右。）"侬有三日横里没来的唻。"（你三天左右没来了。）

2. "的唻 dik₅₅ lei₃₃"在句末表示一种感叹语气。如："其来快的唻！"（她快来了！）"的唻"有时也表示完成体。如："姆妈饭烧好的唻。"（妈妈做好饭了。）

只医病，勿医命 jik₅₅ yi₃₃₅ bhin₂₂₃，fhak₂₃ yi₃₃₅ min₃₃₅ 医生只能医治疾病而改变不了命运。医，治疗；命，命运、宿命。

怕痛怕痒，做不来外科医生 po₃₃ tong₅₁ po₃₃ yhan₂₂₃，zeu₃₃ fhak₅₅ lei₃₁ na₂₂ keu₅₁ yi₃₃ sang₃₁ 心软当不了外科医生。怕痛怕痒，意为不忍心，心不够硬；做不来，意为当不了。

三年药店半郎中 se₃₃ ni₅₁ yhik₂₂ di₅₁ bu₅₁ lang₂₂ zong₅₁ 比喻多接触某方面知识，慢慢就可能无师自通。三年药店，指在药店里站了多年柜台、配了多年中药（三年，泛指多年）；半郎中，成为半个医生，意为懂得了一半的医道。

第十五课 求职工作

 应聘

◆ 你好,我来应聘部门经理。

依 好, 我 来 应聘 部门 经理。

Neu$_{223}$ hao$_{335}$, ngo$_{223}$ lei$_{44}$ yin$_{55}$ pin$_{33}$ bhu$_{24}$ men$_{33}$ jin$_{33}$ li$_{44}$。

◇ 你好,你先自我介绍一下。

依 好, 依 先 自我 介绍记。

Neu$_{223}$ hao$_{335}$, neu$_{223}$ xi$_{51}$ xhi$_{22}$ ngo$_{44}$ ga$_{55}$ xhio$_{33}$ ji$_{31}$。

◆ 我叫陈东,毕业于复旦大学,已经工作三年了。

我 叫 陈东, 复旦 大学 毕业个哦, 上班 有得 三年 唻。

Ngo$_{223}$ jio$_{51}$ jhin$_{22}$ dong$_{51}$, fok$_{55}$ de$_{33}$ dha$_{22}$ hhok$_{55}$ bik$_{33}$ nik$_{55}$ ghek$_{33}$ o$_{31}$, shang$_{22}$ be$_{44}$ yhu$_{22}$ dek$_{44}$ se$_{33}$ nie$_{55}$ lei$_{31}$。

◇ 你大学里学的是什么专业?

依 大学里 学的 是 嗦 专业啦?

Neu$_{223}$ dha$_{22}$ hhok$_{55}$ li$_{31}$ hhok$_{55}$ dhik$_{44}$ shi$_{223}$ sok$_{51}$ zoe$_{33}$ nik$_{55}$ la$_{31}$?

◆ 商务英语。

商务 英语。

80

第十五课　求职工作

Sang$_{33}$ wu$_{44}$ yin$_{33}$ ny$_{44}$。

◇ 你有什么特长?

侬　有　嗦　特长?

Neu$_{223}$　yhu$_{223}$　sok$_{51}$　dhek$_{22}$ jhian$_{35}$?

◆ 我英语专业八级、计算机一级,还有高级口译证书。

我　英语　专业　八级、计算机　一级，还有　高级　口译证书。

Ngo$_{223}$　yin$_{33}$ nyu$_{44}$　zoe$_{33}$ nik$_{55}$　bak$_{55}$ jik$_{33}$、ji$_{55}$ soe$_{33}$ ji$_{31}$　yik$_{55}$ jik$_{33}$，whak$_{22}$ yhu$_{35}$　gao$_{33}$ jik$_{44}$　koey$_{55}$ yik$_{33}$　jin$_{55}$ suy$_{33}$。

◇ 证书都带来了吗?

证书　和总　带的勿?

Jin$_{55}$ syu$_{33}$　hheu$_{22}$ zong$_{44}$　da$_{55}$ dik$_{33}$ fhak$_{31}$?

◆ 带来了。

带来的咪。

Da$_{55}$ lei$_{33}$ dik$_{33}$ lei$_{31}$。

◇ 你为什么要到这里来应聘呢?

侬　阿索　要到　堂内　来　应聘捏?

Neu$_{223}$　ak$_{33}$ sok$_{44}$　yio$_{33}$ dao$_{44}$　dhang$_{33}$ nai$_{35}$　lei$_{223}$　yin$_{33}$ pin$_{55}$ nik$_{31}$?

◆ 你们公司的发展前景很好,我专业也对口。

倷　公司个　发展　前景　交关　好，我　专业　也　对口。

Nak$_{55}$　gong$_{33}$ si$_{35}$ ghek$_{31}$　fak$_{55}$ zuoe$_{33}$　xhi$_{22}$ jin$_{44}$　jio$_{33}$ gue$_{44}$ hao$_{335}$，ngo$_{223}$　zoe$_{33}$ nik$_{55}$　hhak$_{23}$　dai$_{33}$ koey$_{35}$。

◇ 你以前做过类似的工作吗?

侬　闲早　类似个　工作　做过勿?

Neu$_{223}$　hhe$_{22}$ zao$_{51}$　lai$_{24}$ shi$_{33}$ ghek$_{31}$　gong$_{33}$ zok$_{55}$　zeu$_{55}$ geu$_{33}$ fhak$_{31}$?

◆ 我之前在西门子公司当了两年销售部经理。

我　闲早　来辣　西门子　公司　当了　两年　销售部　经理。

81

Ngo₂₂₃　hhe₂₂ zao₅₁　lei₂₂ lak₃₅　xi₃₃ men₅₅ zi₃₁　gong₃₃ si₄₄ dang₃₃ lak₄₄　lian₂₄ ni₃₃　xio₃₃ xhiu₅₅ bhu₃₁　jin₃₃ li₃₅。

◇ 好的,我们还要笔试,你回去等通知好了。

好个,　阿拉　还有　笔试,　你　回去　等　通知　好咪。
Hao₅₅ ghok₃₃,　ak₃₃ lak₅₅　wha₂₂ yhu₅₁　bik₅₅ si₃₃,　neu₂₂₃ whai₂₂ qi₅₁　den₃₃₅　tong₃₃ zyu₄₄　hao₅₅ lei₃₁。

◆ 你好,你要找什么工作?

侬　好,　侬　要　寻　嗦工作?
Neu₂₂₃　hao₃₃₅,　neu₂₂₃　yo₅₁　xhi₂₂₃　sok₅₁　gong₃₃ zok₅₅?

◇ 我想找个驾驶员的工作。

我　想　寻只　驾驶员个　工作。
Ngo₂₂₃　xian₅₁　xhi₂₄ zak₃₃，　jia₃₃ syu₄₄ yhu₅₅ ghok₃₁　gong₃₃ zok₅₅。

◆ 你有驾照吗?

侬　驾照　有勿?
Neu₂₂₃　jia₅₅ jio₃₃　yhu₂₂ fhak₄₄?

◇ 有的,A 照,以前开过大客车。

有个,　A 照,　闲早　开　大客车个。
Yhu₂₂ ghek₅₁,　A₃₃ jio₄₄,　hhe₂₂ zao₅₁　kei₅₁　dha₂₂ kak₄₄ co₅₅ ghok₃₁。

◆ 市公交公司要一个驾驶员,你想去吗?

市　公交　公司　要　一个　驾驶员,　侬　要　去勿?
Shi₂₂₃　gong₃₃ jio₅₁　gong₃₃ si₄₄　yo₅₁　yik₃₃ ghok₅₅　jia₃₃ si₄₄ yu₅₅,　neu₂₂₃　yo₅₁　qi₄₄ fhak₃₃?

◇ 工资待遇怎么样?

工资　待遇　咋话?

Gong₃₃ zi₅₁ dhe₂₄ nyu₃₃ zha₂₂ who₄₄?

◆ 每个月三千八。

每个月 三千 八。

Mai₂₄ geu₃₃ yhek₃₁ se₃₃ qi₄₄ bak₅₅。

◇ 好的。

好哪。

Hao₅₅ nak₃₃。

◆ 你表格先填好,等通知。

侬 表格 先 填填 好, 等 通知。

Neu₂₂₃ bio₅₅ gak₃₃ xi₅₁ dhi₂₂ dhi₄₄ hao₃₃₅, den₃₃₅ tong₅₅ zi₃₁。

常用词语

闲早 hhe₂₂ zao₅₁ 之前。

堂内 dhang₂₂ nai₃₅ 这里。

语法要点

1. 宁波话中"记 ji₅₁"表示"一下"。如:"侬先自我介绍记。"(你先自我介绍一下。)

2. "有得 yhu₂₄ dek₃₃"表示"已经有"的意思。如:"我来堂内上班有得三年咔。"(我已经在这里上了三年班了。)

3. "阿索 ak₃₃ sok₄₄""阿索该 a₂₂ sok₅₅ gi₃₁""阿索提 a₂₂ sok₅₅ ti₃₁"表示"为什么"。如:"侬阿索/阿索该/阿嗦提嘎晏来啦?"(你为什么来得这么晚?)

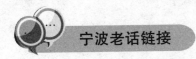

三百六十行，行行勿落档 se₃₃ bak₅₁ lok₂₂ shok₅₅ hhang₃₁，hhang₂₂ hhang₄₄ fhak₂₂ lok₅₅ dang₃₁ 谓世事繁多，但找不到合适的位置。三百六十行，泛指百行百业；落档，就位，找到合适的工作。

勿求地位，只求落位 fhak₂₂ jhu₃₅ dhi₂₂ whai₄₄，jik₅₅ jhu₃₃ lok₂₂ whai₃₅ 意为，不求地位有多高，只求舒服、满足。落位，岗位合适而得心应手、心里满足。

只有看中意，呒没做中意 jik₅₅ yhu₃₃ ki₅₅ zong₃₃ yi₃₁，m₂₂ mak₄₄ zeu₅₅ zong₃₃ yi₃₁ 意为领导选用人才只凭感觉上的好坏，不凭被选者的能力与实际贡献。看中意，指被人看到（形象、感觉等）后觉得满意；做中意，靠自己主动工作而博得别人的满意。

第十六课 休闲娱乐

 喝咖啡

◆ 星期天有时间吗？我们去星巴克坐坐。
礼拜日　有空勿？　阿拉　去　星巴克　坐坐。
Li$_{22}$ ba$_{44}$ nik$_{55}$　yhu$_{22}$ kong$_{55}$ fhak$_{31}$？　Ak$_{33}$ lak$_{55}$　qi$_{51}$　xin$_{33}$ ba$_{55}$ kak$_{31}$ sheu$_{24}$ sheu$_{33}$。

◇ 好呀，哪个星巴克？
好哪，　阿里只　星巴克？
Hao$_{55}$ nak$_{33}$，　ak$_{33}$ li$_{55}$ zak$_{33}$　xin$_{33}$ ba$_{55}$ kak$_{31}$？

◆ 就天一广场这家吧！现在咖啡馆是真多，宁波的星巴克就不知有多少家了。
就　天一　广场　辫只　好咪！　辫晌　咖啡馆　要　好多咪，
　宁波　星巴克　就　勿知　有　多少　爿咪。
Jhu$_{223}$　ti$_{33}$ yik$_{44}$　guang$_{33}$ jhian$_{44}$　ghik$_{22}$ zak$_{55}$　hao$_{55}$ lei$_{33}$！
Ghek$_{22}$ shang$_{35}$　ka$_{43}$ fi$_{55}$ gu$_{31}$　fhai$_{223}$　hao$_{33}$ deu$_{55}$ lei$_{31}$，　nin$_{33}$ bok$_{55}$　xin$_{33}$ ba$_{55}$ kak$_{31}$　jhu$_{223}$　fak$_{55}$ ji$_{33}$　yhu$_{223}$　deu$_{33}$ xio$_{44}$ bhe$_{24}$ lei$_{33}$。

◇ 跟以前的茶馆一样，现在的年轻人都喜欢喝咖啡。
得　闲早子个　茶馆　一样个，　辫晌间个　年轻人　和总　欢

喜　喝咖啡。

Dek₅₅　hhe₂₂ zao₅₅ zi₃₃ ghek₃₁　cho₂₂ gu₄₄　yik₇ yhan₄₄ ghek₅₅，gek₃₃ shang₄₄ ji₅₅ ghek₃₁　ni₂₂ qin₄₄ nin₅₅　hheu₂₄ zong₃₃　fu₃₃ xi₄₄ hak₃₃ ka₄₄ fi₅₅。

◆ 是呀,在咖啡馆里聊聊天、看看书、上上网非常惬意呢!

是呢，来　咖啡馆　里向　讲讲　大道、看看　书、上上网　覅好　写意唻!

Shi₂₄ nak₃₃，　lei₂₂₃　ka₃₃ fi₄₄ gu₃₃　li₅₅ xian₃₁　gang₃₃ gang₄₄ dha₂₂ dhao₄₄、ki₃₃ ki₄₄　suy₅₁、shang₂₂ shang₄₄　mang₃₃₅ fhai₂₄ hao₃₃　xia₅₅ yi₃₃ lei₃₁!

◆ 哇!小李,两个月不见,你的身材怎么变得那么好!

咋!　小李，两个月　灭　看见啊，侬　身材　咋会　变得介好啦!

Zhak₂₃!　Xio₃₃ li₅₁，lian₂₄ geu₃₃ yhek₃₁　mik₅₅　ki₅₅ ji₃₃ a₃₁，neu₂₂₃　xin₃₃ ze₃₅　zha₂₄ whai₃₃　bi₃₃ dek₄₄　ga₅₅ hao₃₃ la₃₁!

◇ 我晚上在锻炼呀!

我　夜到　来的　锻炼呀!

Ngo₂₂₃　yha₂₂ dao₄₄　lei₂₂ di₄₄　doe₅₅ li₃₃ ya₃₁!

◆ 你在跑步吗?

你　来的　跑步啊?

Neu₂₂₃　lei₂₂ di₄₄　bhao₂₂ bhu₄₄ hha₅₅?

◇ 没有,我在健身房做运动。

灭，我　来辣　健身房　做　运动。

Mik₅₅，ngo₂₂₃　lei₂₂ lak₄₄　jhi₅₅ xin₄₄ fhang₅₅　zeu₃₃₅　yhong₂₄

dhong₃₃。

◆ 你在健身房做些什么运动呢?

侬 来 健身房 做眼 嗦运动啦?

Neu₂₂₃ lei₂₂₃ jhi₂₂ xin₄₄ fhang₅₅ zeu₅₅ nge₃₃ sao₅₅ yhong₃₃ dhong₃₃ la₃₁?

◇ 我请了个私教,练器械和瑜伽。

我 请了个 私教, 练 器械 得 瑜伽。

Ngo₂₂₃ qin₃₃ lek₅₅ gheu₃₁ si₃₃ jio₄₄, li₃₃₅ qi₅₅ yha₃₃ dek₅₅ yhu₂₂ jia₅₁。

◆ 真不错!

个得是 孇个!

Gek₅₅ dhek₃₃ shi₃₁ ze₅₅ ghok₃₃!

 周末休闲度假

◆ 阿玲,你这个周末有什么活动吗?

阿玲, 侬 辂个 周末 有嗦 活动啦?

Ak₃₃ lin₄₄, neu₂₂₃ gik₅₅ gheu₃₃ jiu₃₃ mok₄₄ yhu₂₂ sok₄₄ whak₂₂ dhong₄₄ la₅₅?

◇ 我妈妈叫我去爬山。

阿拉 阿姆 讴我 去 爬山。

Ak₃₃ lak₅₅ a₅₅ m₃₃ ai₅₅ ngo₃₃ qi₃₅ bho₂₂ se₅₁。

◆ 阿姨精神真好!

阿姨 神光 孇个!

A₅₅ yhi₃₃ shong₂₂ guang₄₄ zhe₅₅ ghek₃₁!

◇ 是呀,你周末有什么安排呢?

是哪, 侬 周末 有嗦 安排呢?

Shi₂₂ nak₅₅， neu₂₂₃ ju₃₃ mok₅₅ yhu₂₂ sok₄₄ e₂₂ bha₄₄ ni₅₅？

◆ 我啊,我睡睡懒觉,晚上几个朋友一起去唱卡拉OK!

我啊， 我 睏睏 懒觉， 夜到 几个 朋友 时待 去唱 卡拉 OK！

Ngo₂₄ hha₃₃， ngo₂₂₃ kun₅₅ kun₃₃ le₂₄ gao₃₃， yhe₂₂ dao₄₄ ji₃₃ gek₄₄ bha₂₂ yhu shi₂₂ dai₃₅ qi₃₃ cang₄₄ ka₃₃ la₇₄ O₅₅ ke₅₅！

◇ 活动很丰富嘛！下礼拜我们一起去东钱湖度假村住一晚吧？那里风景很棒,还可以烧烤！

活动 交关 丰富嘛！ 下礼拜 阿拉 时待 到 东钱湖 度假村 去 囥夜勿？ 伊边 风景 交关 孃嗦， 还好 烧烤！

Whak₂₂ dong₃₅ jio₃₃ gue₄₄ fong₃₃ fu₄₄ mak₅₅！ Hho₂₂ li₃₃ ba₃₁ ak₃₃ lak₅₅ shi₂₂ dhai₃₅ dao₄₄ dong₃₃ jhi₄₄ wu₅₅ dhu₂₂ go₄₄ cen₅₅ qi₄₄ dhen₂₄ yha₃₃ fhak₃₁？ Yik₅₅ bi₃₃ fong₃₃ jin₄₄ jio₃₃ gue₄₄ ze₅₅ lei₃₁， hhak₂₂ hao₄₄ xio₃₃ kao₄₄！

◆ 好呀！下礼拜再联系！

好哪！ 下 礼拜 再 联系！

Hao₅₅ nak₃₃！ hho₂₂₃ li₂₂ bha₄₄ zei₅₁ li₂₂ xi₄₄！

常用词语

爿 bhe₂₂₃ 量词,家。

闲早子 hhe₂₂ zao₄₄ zi₅₅ 以前。

个晌间 gek₃₃ shang₄₄ ji₅₅ 现在。

讲大道 gang₃₃₅ dha₂₂ dao₃₅ 聊天。

写意 xia₅₅ yi₃₃ 惬意。

咋会 zha₂₄ whai₃₃ 怎么会。

阿姆 a₅₅ m₃₃ 妈妈。

神光孅 shong₂₃ guang₄₄ zhe₃₃₅ 精神非常好。

 语法要点

1. 动词重叠。反复连续的动作用动词重叠表示,语气比较轻松悠闲。如:"来咖啡馆里厢讲讲大道、看看书、上上网覅好写意唻!"(在咖啡馆里聊聊天、看看书、上上网非常惬意呢!)

2. 宁波话中"咋 zhak23"放在句子开头表示惊叹语气。如:"咋!今天介嚎啦!"〔哇!今天(穿得)那么时尚呀!〕

 宁波老话链接

讲讲话话散散心,勿讲勿话生大病 gang₃₃ gang₄₄ hho₂₂ hho₅₁ se₃₃ se₄₄ xin₅₁ , fhak₃₃ gang₄₄ fhak₄₄ hho₃₅ san₃₃₅ dheu₂₂ bhin₅₁ 意为心情要开朗。讲讲话话,有说有话;散心,放松心情;勿讲勿话,抑郁,不吭声。

越囤越懒,越吃越馋 yhok₂₂ dhen₃₅ yhuik₂₂ le₃₅ , yhok₂₂ quik₄₄ yhuik₂₂ zhe₃₅ 越闲越懒,越吃越馋。囤,住,引申为休息、赋闲。

三个女人抵潮鸭 se₃₃ gheu₅₁ nyu₂₄ nin₂₃ dhi₃₃ jhio₄₄ ak₅₅ 意为几个女人走到一起就会叽叽喳喳闹翻天。抵,抵得上,相当于;一潮鸭,一群鸭子。

第十七课 观光游览

◆ 小李,我明天要来宁波出差,有什么好玩的地方推荐吗?

小李, 我 明朝 要 来 宁波 出差, 有嗉 好拿和 地方 推荐勿?

Xio₃₃ li₄₄, ngo₂₂₃ min₂₂ jio₄₄ yo₅₁ lei₂₂₃ nin₂₂ beu₄₄ cok₃₃ ca₄₄, yhu₂₂ sok₄₄ hao₃₃ na₄₄ hheu₅₅ dhi₂₂ fang₅₁ tai₃₃ ji₅₅ fhak₃₁?

◇ 市区你到天一广场去转转吧,那边是商业区,什么都有,晚上还可以看音乐喷泉。

市区 侬 到 天一 广场 去 转转 好咪, 伊边 是 商业区, 样样 式式 和总 有个哦, 夜到 还好 看 音乐 喷泉。

Shi₂₄ qu₃₃ neu₂₂₃ dao₃₃₅ ti₃₃ yik₅₄ guang₃₃ jhiang₄₄ qi₃₃₅ zoe₅₅ zoe₃₃ hhao₂₂ lei₅₁, yik₅₅ bi₃₃ shi₂₂₃ sang₃₃ ni₄₄ qu₅₅, yhang₂₂ yhang₄₄ xik₅₅ xik₃₃ hheu₂₄ zong₃₃ yhu₂₂ ghok₅₅ o₃₁, yhe₂₂ do₄₄ whak₂₂ hao₃₅ ki₄₄ yin₃₃ yhak₄₄ pen₃₃ ju₄₄。

◆ 那么好啊,还有什么地方可以去玩呢?

介嬿 啊, 还有 嗉地方 好去 拿和呢?

Ga₅₅ ze₃₃ a₃₁, hha₂₂ yhu₄₄ sok₅₅ dhi₃₃ fang₃₁ hao₃₃ qi₄₄ na₂₂

90

hheu₄₄ ni₅₅?

◇ 晚上去外滩也挺好,那边有很多酒吧。

夜到 去 外滩 也 蛮好, 伊边 有 蛮许多 酒吧。
Yha₂₂ dao₄₄ qi₄₄ na₂₂ te₄₄ hhak₂₃ me₅₅ hao₃₃, yik₅₅ bi₃₃ yhu₂₂₃ me₅₅ xu₃₃ deu₃₁ ju₅₅ ba₃₃。

◆ 白天还有什么地方可以去逛逛吗?

日里 还有 嗦地方 好去 荡荡勿?
Nik₂₄ li₃₃ hha₂₂ yhu₄₄ sok₅₅ dhi₃₃ fang₃₁ hao₃₃ qi₄₄ dha₂₄ dha₃₃ fhak₃₁?

◇ 你去南塘老街呀,那里非常好,有很多小吃,你一定会喜欢的。

侬 去 南塘 老街哪, 伊边 霎好嬿咪, 有 交关多 吃样, 侬 定准 会 欢喜 个哦!
Neu₂₂₃ qi₃₃₅ nai₂₂ dhang₄₄ lao₂₄ ga₃₃ na₃₁, yik₅₅ bi₃₃ fhai₂₄ hao₃₃ ze₃₃ lei₃₁, yhu₂₂₃ jio₃₃ gue₅₅ deu₃₁ qiok₃₃ yhan₃₅, neu₂₂₃ dhin₂₄ zong₃₃ whai₂₂₃ fu₃₃ xi₅₅ ghok₅₅ o₃₁!

◆ 知道了,谢谢你哦!

晓得咪, 谢谢侬哦!
Xio₅₅ dek₃₃ lei₃₁, xhia₂₂ xhia₄₄ neu₅₅ o₅₅!

东钱湖游览

◆ 天气那么好,我们去东钱湖玩好吗?

天家 介 好, 阿拉 到 东钱湖 去 拿和 好勿?
Ti₃₃ go₅₁ ga₅₁ hao₃₃₅, ak₃₃ lak₅₅ dao₄₄ dong₃₃ jhi₃₃ hheu₅₅ qi₄₄ na₂₂ whu₄₄ hao₃₃ fhak₄₄?

◇ 去呀!我们到东钱湖去晒晒太阳,还可以到旁边花博园去看花。

去呀! 阿拉 到 东 钱湖 去 晒晒 太阳, 还好 到

旁边 花博园 去 看 花。
Qi₅₅ ya₃₃! Ak₃₃ lak₃₃ dao₄₄ dong₃₃ jhi₄₄ whu₅₅ qi₃₃₅ sa₃₃ sa₄₄ ta₅₅ yhang₃₃, hhak₂₂ hao₄₄ dao₃₃₅ bhang₂₂ bi₄₄ hao₃₃ bhok₄₄ yhu₅₅ qi₂₅ ki₃₃₅ hao₅₁。

◆ 嗯,到那边去骑自行车也很不错。
嗯, 到 伊边 去 踏 脚踏车 也 交关 嬿。
En₅₁, dao₃₃₅ yik₅₅ bi₃₁ qi₃₃₅ dhak₂₃ jik₃₃ dhak₄₄ co₅₅ hhak₂₃ jio₃₃ gue₄₄ ze₃₃₅。

◇ 那我们快去吧,下午还可以去小普陀玩。
介 阿拉 快 去 哪, 下半日 还好 到 小普陀去 拿和。
Gak₅₅ ak₂₃ lak₃₃ kua₃₃₅ qi₅₅ na₃₁, hho₂₄ bu₃₃ nik₃₁ hhak₂₂ hao₄₄ dao₄₄ xio₃₃ pu₃₃ dheu₃₃ qi₃₁ na₂₂ hheu₄₄。

◆ 走,带顶帐篷去!
去, 帐篷 带顶去!
Qi₄₄, jian₅₅ bong₃₃ da₅₅ din₃₃ qi₃₁!

宁波周边景点游览

◆ 我双休日想带爸爸妈妈去度假,你宁波周边有什么地方推荐吗?
我 双休日 想 带 阿爸 姆妈 去 度假, 侬 宁波 周边 有 嗦 地方 推荐 勿?
Ngo₂₂₃ sang₃₃ xiu₅₅ nik₃₁ xian₃₃₅ da₃₃₅ ak₃₃ bak₅₅ m₅₅ ma₃₃ qi₄₄ dhu₂₂ go₄₄, neu₂₂₃ nin₃₃ bok₄₄ ju₃₃ bi₄₄ yhu₂₂₃ sok₅₁ dhi₂₂ fang₄₄ tai₃₃ jin₅₅ fhak?

◇ 让我想想啊,奉化溪口挺好的,蒋介石故居。
拨我 忖忖看哦, 奉化 溪口 蛮好个, 蒋介石 故居。
Bok₂₂ ngo₄₄ cen₃₃ cen₄₄ ki₅₅ o₃₁, fhong₂₄ ho₃₃ qi₃₃ koey₄₄ me₅₅

hao₃₃ ghok₃₁, jian₃₃ ga₅₅ shak₃₁ gu₅₅ ju₃₃.

◆ 溪口我爸妈去过的,还有什么好地方介绍吗?

溪口 阿拉 阿爸 阿姆 去过掉哦, 还有嚓 好地方 介绍勿?

Qi₃₃ koey₄₄ ak₃₃ lak₅₅ ak₃₃ bak₅₅ a₅₅ m₃₃ qi₅₅ geu₃₃ dhio₃₃ o₃₁, hha₂₂ yhu₄₄ sok₅₅ hao₃₃ di₄₄ fang₅₅ ga₅₅ yho₃₃ fhak₃₁?

◇ 到宁海去好了,去泡泡温泉,还可以去石头村转转,浙东大峡谷也在那边。

到 宁海 去 好唻, 去 泡泡 温泉, 还好 去 石头村 转转, 浙东 大峡谷 也 来辣 埃边。

Dao₃₃₅ nin₂₂ hei₄₄ qi₃₃₅ hhao₃₃ lei₅₁, qi₃₃₅ pao₃₃ pao₄₄ wen₅₅ jhu₃₁, hhak₂₂ hao₄₄ qi₃₃₅ shak₃₃ dhoey₄₄ cen₅₅ zoe₅₅ zoe₃₃, jik₅₅ dong₃₃ dha₄₄ yhak₅₅ ghok₃₁ hha₂₂₃ lei₂₂ lak₄₄ ek₅₅ bi₃₃.

◆ 这挺好的,我和老两口去商量一下。

个倒是 蛮好, 我 得 两老头 去 商量 商量看。

Gek₅₅ dek₃₃ shi₃₁ me₅₅ hao₃₃, ngo₂₂₃ dek₅₅ lian₂₄ lao₄₄ dhoey₅₅ qi₃₃₅ sang₃₃ liang₄₄ sang₃₃ liang₄₄ ki₅₅.

◇ 余姚四明山也挺好的,空气很新鲜,老年人也许会喜欢的。

余姚 四明山 也 蛮 孅个, 空气 交关 新鲜, 年纪 大个 人 呒数 会 欢喜个哦。

Yhu₂₂ yhio₅₁ si₅₅ min₃₃ se₃₁ hha₂₂₃ me₅₁ ze₃₃ ghok₄₄, kong₃₃ qi₄₄ jio₃₃ gue₅₁ xin₃₃ xi₄₄, ni₂₂ ji₄₄ dheu₂₄ ghek₃₃ nin₂₂₃ m₃₃ su₄₄ whai₂₂₃ fu₃₃ xi₅₅ ghek₃₃ o₃₃.

◆ 好的,知道了,谢谢你哦!

好个, 有数唻, 谢谢侬噢!

Hao₅₅ ghek₃₃, yhu₂₄ su₃₃ lei₃₁, xhia₂₂ xhia₄₄ neu₅₅ ao₅₅!

 **常用词语**

拿和 na₂₂ hheu₄₄ 玩。
日里 nik₂₄ li₃₃ 白天。
样样式式 yhang₂₂ yhang₄₄ xik₅₅ xi₃₁ 随便什么。
蛮许多 me₅₅ xyu₃₃ deu₃₁ 许多。
吃样 qiok₃₃ jhiang₄₄ 小吃,吃的东西。
定准 dhin₂₄ zong₃₃ 肯定,一定。
踏 dhak₂₃ 骑(车)。
脚踏车 jik₃₃ dhak₄₄ co₅₅ 自行车。
阿爸 ak₃₃ bak₅₅ 爸爸。
两老头 liang₂₄ lao₄₄ dhoey₅₅ 两口子,老两口。
呒数 m₃₃ su₄₄ 没准儿。
有数 yhu₂₄ su₃₃ 明白。

 **语法要点**

1."定准 dhin24zong33"表示肯定;"呒数 m₃₃ su₄₄"表示"没准儿"。如:"侬定准会欢喜个哦。"(你一定会喜欢的。)"其呒数勿晓得。"(她没准儿不知道。)

2."V+过+掉"表示完成体。如:"其来过掉哦。"(她来过的。)"个件衣裳我买过掉哦"(这件衣服我买过的。)

宁波老话链接

走遍天下,勿如宁波江厦 zoey$_{33}$ bi$_{44}$ ti$_{33}$ hho$_{51}$,fak$_{22}$ shu$_{23}$ nin$_{33}$ bok$_{55}$ guang$_{33}$ who$_{51}$ 意为"走遍天下的各个码头(通商城市),都不如宁波的江厦码头"。江厦,宁波的江厦街滨江的码头区,旧时为宁波最繁华之地,这里以江厦代指宁波。

金窠银窠,不如自家草窠 jin$_{33}$ keu$_{44}$ nin$_{33}$ keu$_{51}$,fhak$_{22}$ shu$_{35}$ xhi$_{22}$ go$_{44}$ cao$_{33}$ keu$_{44}$ 意为"金乡银乡,不如自己贫困的家乡"。窠,本义为动物生息的窝,比喻为人类的家,也泛指家乡。自家,自己。

好日黄狗奔弄堂 hao$_{55}$ nik$_{33}$ whang$_{22}$ goey$_{35}$ bek$_{55}$ long$_{22}$ dhang$_{35}$ 比喻瞎起哄、瞎忙碌。好日,结婚、婚礼之日;奔弄堂,在小巷子里奔来奔去。全句意为,在人结婚的时候,狗也激动得在巷子里瞎跑。

第十八课 习俗民风

 婚嫁人情

◆ 我妹妹要结婚了,这两天我在帮忙,真的忙死啦!
阿拉 阿妹 要 结婚咪, 个两日 我 来盖 帮忙, 真正 忙煞咪!
Ak₃₃ lak₅₅ ak₃₃ mai₃₅ yo₃₃₅ jik₃₃ hun₅₅ lei₃₁ , gek₅₅ lian₃₃ nik₃₁ ngo₂₂₃ lei₂₂ gi₄₄ bang₃₃ mang₃₅ , jin₃₃ jin₃₅ mang₃₃ sak₅₅ lei₃₁ !

◇ 这样啊,宁波人结婚排场蛮大的吧?
个么介啊, 宁波人 结婚 排场 蛮 大个哦?
Gek₃₃ mek₄₄ ga₅₅ a₅₅ , nin₂₂ beu₄₄ nin₅₅ jik₃₃ hun₄₄ bha₃₃ jhian₄₄ me₅₁ dheu₂₂ ghek₅₅ hho₃₁ ?

◆ 是呀,要先订好日子,再送请柬,送请柬的时候还要送糖,现在流行送巧克力了。
是哪, 要 日脚 先 订 好, 再 送 请帖, 送 请帖个 辰光, 还要 送 糖, 辫响 作 送 巧克力 咪。
Shi₂₄ nak₃₃ , yo₂₂₃ nik₂₂ jik₃₅ xi₅₅ din₃₃₅ hao₃₃₅ , ze₅₁ song₃₃₅ qin₅₅ tik₃₁ , song₃₃₅ qin₅₅ tik₃₃ ghok₃₁ song₂₂ guang₃₅ , whak₂₂ yo₄₄ song₃₃₅ dhang₂₂₃ , gek₃₃ shang₄₄ zok₅₅ song₃₃₅ qio₅₅ kak₃₃ lik₃₃ lei₃₁ .

第十八课 习俗民风

◇ 我听说是结婚当日,中饭在新娘子家吃,晚饭才到新郎那里吃,是吗?

我 听讲 是 结婚 当日, 昼饭 来 新娘子地方 吃, 夜饭 到 新郎官地方 吃, 是勿?

Ngo$_{223}$ tin$_{33}$ gang$_{44}$ shi$_{223}$ jik$_{33}$ hun$_{54}$ dang$_{33}$ nik$_{55}$, ju$_{55}$ fhe$_{33}$ lei$_{223}$ xin$_{33}$ nian$_{44}$ zi$_{55}$ dhi$_{55}$ fang$_{55}$ qiok$_{55}$, yha$_{22}$ fhe$_{44}$ dao$_{44}$ xin$_{33}$ lang$_{44}$ gu$_{55}$ dhi$_{55}$ fang$_{55}$ qiok$_{55}$, shi$_{22}$ fhak$_{55}$?

◆ 嗯,现在基本上都在饭店里吃了。新郎新娘还要在酒店门口迎宾。

嗯, 辫响 基本上 和总 摆来 饭店里 吃咴。 新郎官 新娘子 还要 来辣 酒店 门口 迎 宾。

En$_{51}$, gek$_{33}$ shang$_{44}$ ji$_{33}$ ben$_{55}$ shang$_{31}$ hheu$_{22}$ zong$_{44}$ ba$_{22}$ lei$_{44}$ fhe$_{22}$ di$_{55}$ li$_{31}$ qiok$_{55}$ lei$_{33}$。 xin$_{33}$ lang$_{55}$ gu$_{31}$ xin$_{33}$ nian$_{55}$ zi$_{31}$ whak$_{22}$ yo$_{44}$ lei$_{22}$ lak$_{55}$ ju$_{55}$ di$_{33}$ men$_{22}$ keu$_{35}$ nin$_{223}$ bin$_{51}$。

◇ 接新娘的时候,是新娘子的兄弟把她背下楼的吧?

抬 新娘个 辰光, 是 新娘子个 兄弟 拨其 背落 楼个嚎?

Dhe$_{223}$ xin$_{33}$ nian$_{55}$ gek$_{31}$ shong$_{22}$ guang$_{44}$, shi$_{223}$ xin$_{33}$ nian$_{55}$ zi$_{31}$ gek$_{31}$ xiong$_{33}$ dhi$_{44}$ bek$_{33}$ jhi$_{44}$ bai$_{55}$ lok$_{44}$ loey$_{24}$ ghek$_{33}$ hho$_{31}$?

◆ 是的,去之前新娘子妈妈还要喂新娘子吃红枣桂圆茶,新娘子还要哭呢!

是个, 去 之 前 新娘 姆妈 还要 喂 新娘子 吃 红枣 桂圆茶, 新娘子 还要 哭咴!

Shi$_{24}$ ghok$_{33}$, qi$_{51}$ zi$_{335}$ xhi$_{223}$ xin$_{33}$ nian$_{55}$ zi$_{31}$ m$_{55}$ ma$_{33}$ whak$_{22}$ yo$_{44}$ yu$_{335}$ xin$_{33}$ nian$_{55}$ zi$_{31}$ qiok$_{55}$ hhong$_{22}$ zao$_{44}$ guai$_{33}$ yu$_{44}$ zho$_{55}$, xin$_{33}$ nian$_{55}$ zi$_{31}$ whak$_{22}$ yo$_{44}$ kok$_{55}$ lei$_{33}$!

◇ 那么讲究啊!

介讲究啊!

Ga$_{55}$ gang$_{33}$ jiu$_{33}$ hha$_{31}$!

学说宁波话

◆ 是呀,现在大多数人还要请婚庆公司,仪式也很复杂,新郎新娘要上台发言,切蛋糕、戴戒指,双方父母也要上台讲话,还要请证婚人。

是哪, 辩响 大多数 人 还要 请 婚庆公司, 仪式 也 交关 复杂, 新郎 新娘 要 上台 发言, 切 蛋糕、 戴 戒指, 双方 父母 也要 上台 讲 言话, 还要 请 证婚人。

Shi$_{24}$ nak$_{33}$, ghek$_{33}$ shang$_{44}$ dha$_{22}$ deu$_{55}$ su$_{31}$ nin$_{223}$ whak$_{22}$ yo$_{44}$ qin$_{223}$ hun$_{33}$ qin$_{55}$ gong$_{33}$ si$_{31}$, ni$_{22}$ sik$_{44}$ hha$_{223}$ jio$_{223}$ gue$_{44}$ fok$_{55}$ shak$_{33}$, xin$_{33}$ lang$_{44}$ xin$_{33}$ nian$_{51}$ yo$_{335}$ shang$_{22}$ dhe$_{44}$ fak$_{55}$ yhi$_{35}$, qik$_{55}$ dhe$_{22}$ gao$_{51}$、 da$_{44}$ ga$_{33}$ zi$_{35}$, sang$_{33}$ fang$_{51}$ fhu$_{24}$ mai$_{33}$ hha$_{22}$ yo$_{44}$ shang$_{22}$ dhe$_{44}$ gang$_{335}$ hhe$_{22}$ hho$_{51}$, whak$_{22}$ yo$_{44}$ qin$_{335}$ jin$_{33}$ hun$_{44}$ nin$_{55}$。

◇ 要闹洞房吗?

洞房 要 闹勿?

Dhong$_{22}$ fhang$_{44}$ yo$_{335}$ nao$_{22}$ fhak$_{44}$?

◆ 看人的哦,一般要请一个小男孩去撒马桶尿,要给小男孩红包。

看 人个哦, 一般 要 请 一个 男小顽 去 撒 马桶尿, 要 拨 男小顽 红包。

Ki$_{335}$ nin$_{24}$ ghek$_{33}$ o$_{31}$, yik$_{55}$ be$_{33}$ yo$_{335}$ qin$_{335}$ yik$_{55}$ gek$_{33}$ nai$_{22}$ xio$_{44}$ we$_{55}$ qi$_{335}$ zha$_{223}$ mo$_{24}$ dhong$_{33}$ suy$_{31}$, yo$_{335}$ bek$_{55}$ nai$_{22}$ xio$_{44}$ we$_{55}$ hhong$_{22}$ bao$_{51}$。

◇ 我听说"新妇三日无大小"是这样的吗?

我 听讲 "新妇 三日 没 大小" 是 个么介啊?

Ngo$_{223}$ tin$_{33}$ gang$_{44}$ "xin$_{33}$ whu$_{44}$ se$_{33}$ nik$_{55}$ mak$_{55}$ dheu$_{22}$ xio$_{44}$"shi$_{223}$ ghek$_{22}$ mek$_{44}$ ga$_{55}$ a$_{55}$?

◆ 以前是的,现在城里人不这样了。

闲早子 是个哦, 辩响 城里人 勿作兴唻。

Hhe₂₂ zao₅₅ zi₃₁ shi₂₄ ghok₃₃ o₃₁, gek₃₃ shang₄₄ jhin₂₂ li₄₄ ni₅₅ fhak₂₂ zok₄₄ xin₅₅ lei₃₁。

做寿风俗

◆ 我爷爷下个月过生日了,我们要给他在饭店里摆一桌。

阿拉 阿爷 下个月 过 生日咾,阿拉 要 得 其 来 饭店里 摆 一桌。

Ak₃₃ lak₅₅ ak₅₅ yha₃₃ hho₂₄ geu₃₃ yuek₃₁ geu₄₄ sang₃₃ nik₅₅ lei₃₁, ak₃₃ lak₅₅ yo₃₃₅ dek₅₅ jhi₂₂₃ lei₂₂₃ fhe₂₂ di₅₅ li₃₁ ba₃₃₅ yik₃₃ zok₅₅。

◇ 你爷爷几岁啦?

倷 阿爷 几岁啦?

Nak₂₃ ak₅₅ ya₃₁ ji₃₃ suy₅₅ la₃₁?

◆ 八十九了,"做寿做九勿做十"啊!

八十 九咾,"做寿 做 九 勿做 十"啊!

Bak₅₅ shok₃₃ ju₃₃ lei₅₁,"zeu₃₃ xh₄₄ zeu₃₃₅ ju₃₃₅ fhak₂₂ zeu₂₃ shok₂₃"a₃₁!

◇ 还有这种讲究啊!

还有 个么介 讲究啊!

Hhak₂₂ yhu₄₄ gek₃₃ mek₄₄ ga₅₅ gang₅₅ ju₃₃ hha₃₁!

◆ 嗯,还有呢,俗话说"三十勿可错,四十勿可做",你今年最好也过过生日吧!

嗯, 还有咾, 老话 讲 "三十 勿可 错, 四十 勿可 做", 倷 今年子 顶好 也 做生哪!

En₅₁, hhai₂₂ yhu₄₄ lei₅₁, lao₂₄ hho₃₃ ghang₃₃₅ "se₃₃ shok₅₅ fhak₂₂ keu₄₄ ceu₃₁, si₅₅ shok₃₃ fhak₂₂ keu₄₄ zeu₅₁", neu₂₂₃

99

jin₃₃ ni₄₄ zi₅₅ din₅₅ hao₃₃ hha₂₂₃ zeu₃₃ san₄₄ na₅₅！

◇ "三十三,乱刀斩"有什么好做的！

"三十三， 乱刀斩" 有嗦 做头啦！

"Se₃₃ shok₅₅ se₅₁， loe₂₂ dao₄₄ ze₅₁" yhu₂₂ seu₄₄ zeu₅₅ dho-ey₃₃ la₃₁！

◆ 别这么说哪,现在的人三十岁正年轻哪！

冒 个么 讲哪， 个响间个 人 三十岁 正 后生的唻！

Mao₂₂₃ gek₃₃ mek₅₅ gang₃₃ na₄₄， ghek₃₃ shang₄₄ ji₅₅ ghek₅₅ nin₂₂₃ se₃₃ shek₃₃ suy₃₁ jin₅₁ hheu₃₃ san₅₅ dik₃₃ lei₃₁！

风俗禁忌

◆ 我叔叔住院了,我要到医院去看看他。

阿拉 阿叔 住院盖唻， 我 要 到 医院 去 望望其。

Ak₃₃ lak₅₅ ak₃₃ song₄₄ zhu₂₂ yhu₄₄ gi₅₅ lei₃₁， ngo₂₂₃ yo₄₄ dao₃₃₅ yi₃₃ yhu₄₄ qi₄₄ mang₂₂ mang₅₅ jhi₃₁。

◇ 哦,那你晚上不要去呀,晚上到医院看病人不吉利的。

噢， 个 侬 夜到 冒 去哎， 夜到 到 医院去 看 病人 勿吉利个哦。

Ao₅₁， gek₅₅ neu₂₂₃ yha₂₂ dao₄₄ mao₂₂₃ qi₃₃ ei₄₄， yha₂₂ dao₄₄ dao₃₃₅ yi₃₃ yhu₄₄ qi₅₅ ki₃₃₅ bhin₂₂ nin₄₄ fhek₂₂ ji₅₅ li₃₃ ghek₃₃ o₃₁。

◆ 这样啊,宁波人有那么多讲究啊！

个么介啊， 宁波人 有 介许多 讲究啊！

Gek₃₃ mek₄₄ ga₅₅ a₅₅， nin₂₂ bok₄₄ nin₅₅ yhu₂₂₃ ga₅₅ xu₃₃ deu₃₁ gang₅₅ ju₃₃ a₃₁！

◇ 嗯,还有呢,你家如果有丧事,一个月不能去别人家里的,人家会觉得晦气的。

嗯， 还有咪， 侬 屋落 如果 有 丧事，一个月 呒告 去 人家 屋里个哦， 人家 会 觉着 晦气 个哦。

En$_{51}$， hhai$_{22}$ yu$_{44}$ lei$_{55}$， neu$_{223}$ wok$_{55}$ lok$_{33}$ shuy$_{24}$ geu$_{33}$ yhu$_{223}$ sang$_{33}$ shi$_{44}$， yik$_{33}$ geu$_{55}$ yuik$_{31}$ m$_{33}$ gao$_{44}$ qi$_{335}$ nin$_{22}$ gao$_{44}$ wok$_{55}$ li$_{33}$ ghek$_{33}$ o$_{31}$， nin$_{22}$ go$_{44}$ whai$_{223}$ juik$_{55}$ zhok$_{33}$ huai$_{55}$ qi$_{33}$ ghek$_{33}$ o$_{31}$。

◆ 啊？那我是要注意点了。

啊？ 个 我 是 要 注意眼咪。

A$_{223}$？ Gek$_{55}$ ngo$_{223}$ shi$_{223}$ yo$_{51}$ zuy$_{55}$ yi$_{33}$ nge$_{33}$ lei$_{31}$。

常用词语

阿妹 ak$_{33}$ mai$_{35}$ 妹妹。

日脚 nik$_{22}$ jik$_{55}$ 日子。

作 zok$_{55}$／作兴 zok$_{55}$ xin$_{33}$ 流行。

听讲 tin$_{33}$ gang$_{44}$ 听说。

昼饭 ju$_{55}$ fhe$_{33}$ 午饭。

抬新娘 dhe$_{22}$ xin$_{44}$ nian$_{55}$ 娶新娘，接新娘。

喂 yu$_{51}$ 喂。

讲言话 gang$_{335}$ hhe$_{22}$ hho$_{44}$ 讲话。

男小顽 nai$_{22}$ xio$_{44}$ we$_{55}$ 小男孩。

尿 suy$_{51}$ 尿。

阿爷 ak$_{55}$ lak$_{31}$ 爷爷。

老话 lao$_{24}$ hho$_{33}$ 俗话。

做生 zeu$_{335}$ san$_{51}$ 庆祝生日。

后生 hheu$_{24}$ san$_{55}$ 既指年轻小伙子，又指年轻。

阿叔 ak₃₃ song₅₁ 叔叔。

介许多 ga₅₅ xu₃₃ deu₃₁ 那么多。

呒告 m₃₃ gao₅₁ 不能。

1. 宁波话在亲属称谓前面往往加"阿"。如：阿爸（爸爸）、阿姆（妈妈）、阿姐（姐姐）、阿哥（哥哥）、阿弟（弟弟）、阿妹（妹妹）、阿叔（叔叔）、阿嫂（嫂子）、阿爷（爷爷）、阿婆（特指婆婆）、阿娘（奶奶）等。

2. "个么介 gek₃₃ mek₄₄ ga₅₅"意为"这样子"，放在句首表示感叹，有"原来这样啊"之意。如："个么介啊，宁波人有介许多讲究啊！"（这样啊，宁波人有那么多讲究啊！）放在句子当中可作介词，有"这样子"之意。如："侬个么介走。"（你这样子走。）

3. "作 zok₅₅""作兴 zok₅₅ xin₃₃""行 hha₂₂₃"表示流行。如："个条裙子个晌间交关行/作/作兴唻。"（这条裙子现在非常流行呢。）

4. "有嗦＋V＋头"表示"有什么好v的"。如："有嗦吃头啦！"（有什么好吃的啦！）"有嗦看头啦！"（有什么好看的啦！）

宁波老话链接

新妇三日无大小 xin₃₃ whu₄₄ se₃₃ nik₅₅ m₃₃ dheu₅₅ xio₃₁ 新妇，新媳妇、新娘。风俗新婚三天内新娘与家族中人可以不分辈分大小，往来玩笑均可。

做寿做九勿做十 zeu₃₃ xhu₄₄ zeu₃₃ ju₃₃₅ fhek₂ zeu₃₃₅ shok₂₃ 做寿，祝寿；做九勿做十，按理每逢整十祝寿，但这样会落"阳岁到"（阳寿尽头）的口谶，故避讳，而于头一年即逢九年祝寿。

三十勿可错，四十勿可做 se$_{33}$ shok$_{55}$ fhek$_{22}$ keu$_{35}$ ceu$_{335}$, si$_{55}$ shok$_{33}$ fhek$_{22}$ keu$_{35}$ zeu$_{335}$ 此为忌讳习俗，即三十岁必要有祝寿仪式，因三十年为半个甲子，暗喻其人以半甲子为单位计年岁；错，错过，丧失机会；而"四"与"死"谐音，四十岁不可张扬排场，故不用祝寿仪式。

三十三，乱刀斩 se$_{33}$ shok$_{55}$ se$_{51}$, lai$_{22}$ dao$_{44}$ ze$_{51}$ 意为三十三岁前后多变故。乱刀斩，形容各种意想不到突然而至的灾祸对人的侵害程度。

第十九课 文化教育

 子女培养

◆ 小李,你儿子今年几岁啦?
   小李, 侬 儿子 今年 几岁 啦?
   Xio₃₃ li₄₄, nak₂₃ n₂₂ zi₄₄ jin₅₅ ni₃₃ jis₂₂ suy₅₅ la₃₁?

◇ 十四岁,念初中了。
   十四 岁, 读 初中咪。
   Shok₂₂ si₂₃ suy₃₃₅, dok₂₃ cu₃₃ zong₄₄ lei₅₅。

◆ 孩子平时很忙吧?
   小人 平常日脚 交关 忙 嚎?
   Xio₃₃ nin₄₄ bhin₂₂ shan₅₅ nik₃₃ jik₃₁ jio₃₃ gue₄₄ mang₂₂₃ hhao₂₂₃?

◇ 是呀,现在的孩子真的很可怜。学校里已经很累了,回到家还要上辅导班。
   是哪, 个晌 间个 小人 真正 罪过煞。 学校里 已经 蛮着力 咪, 回到 屋里 还要 上 辅导班。
   Shi₂₄ nak₃₃, ghek₃₂ shang₂₃ ji₅₅ ghek₃₁ xio₃₃ nin₄₄ jin₃₃ jin₄₄ shai₂₄ geu₂₃ sak₃₁。 Hhok₂₂ yho₃₃ li₃₅ yi₃₃ jin₄₄ me₅₁ jhik₂₂ lik₃₃ lei₃₅, whai₂₂ dao₄₄ ok₅₅ li₃₃ whai₂₂ yo₄₄ shang₂₂₃ fu₃₃

dao₄₄ be₅₅。

◆ 我们读书的时候哪有那么忙啊!
  阿拉　读　书个　辰光　嗦有　介　忙啦!
  Ak₃₃ lak₅₅　dhok₂₃　su₅₅ gek₃₁　shong₂₂ guang₄₄　sok₅₅ yhu₃₃
  ga₅₁　mang₂₄ la₃₃!

◇ 你孩子还小,现在还舒服的吧?
  侬　小人　还小，　个响间　还　写意个哦?
  Nak₅₅　xio₃₃ nin₄₄　whak₂₂ xio₃₅，　gek₃₃ shang₄₄ ji₅₅　whak₂₃
  xia₅₅ yi₃₃ ghek₃₃ o₃₁?

◆ 哪有啊!你不知道,这么小的小孩要学的东西非常多呢!什么亲子班、钢琴班、舞蹈班,每天我和她爸爸真的忙死!
  阿里啦!　侬　勿晓得，　介　小个　小人　要　学个　东西
  犯规多咪!　嗦　亲子班、　钢琴班、　舞蹈班，我　得　其
  阿爹　真正　忙煞!
  Ak₃₃ li₄₄ la₅₁!　Neu₂₂₃　fhak₂₂ xio₄₄ dhek₅₅，　ga₅₁　xio₃₃ gek₅₅
  xio₃₃ nin₄₄　yo₄₄　hhok₂₂ gek₅₅　dong₃₃ xi₄₄　fhe₂₄ gue₃₃ deu₃₃
  lei₃₁!　Sok₅₅　qin₃₃ zi₄₄ be₅₅、　gang₃₃ jhin₄₄ be₅₅、　whu₂₂ dhao₄₄ be₅₅、
  ngo₂₂₃　dhek₅₅　jhi₂₂₃　ak₃₃ dia₅₁　jin₃₃ jin₄₄　mang₂₂ sak₄₄!

◇ 唉!现在的大人和小孩都累!
  唉!　个响个　大人　得　小人　和总　着力啦!
  ei₅₁!　Gek₃₃ shang₅₅ gek₃₁　dheu₂₂ nin₃₅　dek₅₅　xio₃₃ nin₃₅
  hheu₂₂ zong₅₁　jhik₂₂ lik₄₃ la₃₁!

考　试

◆ 快要考试了,你复习得怎么样了?
  要　考试快咪，　侬　复习得　咋话了啦?

105

Yo₄₄ kao₅₅ si₃₃ kua₃₃ lei₃₁, neu₂₂₃ fuk₅₅ shok₃₃ dik₃₃ zha₂₂ hho₅₅ lek₃₃ la₃₁?

◆ 现在初三了,每天考试,考也快被烤焦了!

个晌间　初三咪，　每日　考试，　考也　烤焦快咪!

Gek₃₃ shang₄₄ ji₅₅　cu₃₃ se₅₅ lei₃₁,　mai₂₄ nik₃₃　kao₅₅ si₃₃,　kao₅₅ hha₃₃　kao₅₅ jio₃₃ kua₃₃ lei₃₃!

◆ 毕业班是累的!

毕业班　是　着力个哦!

Bik₃₃ nik₄₄ be₅₅　shi₂₂₃　jhik₂₂ lik₅₅ ghek₃₃ o₃₁!

◇ 一会儿模拟考,一会儿联考,还有保送考,我们被考得透不过气来!

一晌　模拟考，　一晌　联考，　还有　保送考，　阿拉　考来气也　透勿　过来!

Yik₂₂ shang₄₄　meu₂₄ ni₃₃ kao₃₁,　yik₂₂ shang₄₄　li₂₂ kao₃₅　hhak₂₂ yhy₄₄　bao₂₃ song₅₅ kao₃₁,　ak₃₃ lak₅₅　kao₃₃ lei₄₄　qi₅₅ hha₃₃　to-ey₅₅ fhak₃₃ geu₃₃ lei₃₁!

◆ 马上快结束了,好好复习!

马上　结束快咪，　好好叫　复习!

Mo₂₄ shang₃₃　jik₅₅ sok₃₃ kua₃₃ lei₃₁,　hao₂₄ hao₃₃ jio₃₁　fok₃₃ shok₅₅!

外语培训

◆ 小林,我们星期六晚上一起去看电影吧!

小林，　阿拉　礼拜六　夜到　时待　去看　电影哪!

Xio₃₃ lin₄₄,　ak₃₃ lak₃₃　li₂₄ ba₃₃ lok₃₃　yha₂₂ dao₄₄　shi₂₂ dhai₄₄ qi₃₃ ki₄₄　dhi₃₃ yin₅₅ nak₃₁?

◇ 星期六晚上我要去上课,没时间哦!

礼拜六　夜到　我　要去　上课，没　辰光哦！
Li₂₄ ba₃₃ lok₃₃　yha₂₂ dao₄₄　ngo₂₂₃　yo₃₃ qi₅₅₃　shang₂₂ keu₄₄，
mek₂₃　shong₂₂ guang₄₄ o₃₁！

◆ 周六晚上你还要上什么课？

礼拜六　夜到　佲　还要　上嗦课啦？
Li₂₄ ba₃₃ lok₃₃　yha₂₂ dao₄₄　na₂₂₃　hhak₂₂ yo₄₄　shang₂₂ sok₅₅
keu₃₃ la₃₁？

◇ 我报了个英语培训班，我要考雅思。

我　报了　只　英语　培训班，　要　考　雅思。
Ngo₂₂₃　bao₃₃ lek₄₄　zak₅₅　yin₃₃ ny₄₄　bhai₂₂ xiong₄₄ be₅₅，
ngo₂₂₃　yo₄₄　kao₃₃₅　ya₅₅ si₃₁。

◆ 哦，现在学外语的人挺多的，我们公司的几个女孩子也报了什么日语班、韩语班之类的。

哦，　辫晌间　学　外语个　蛮多个，　阿拉　公司个　几个
小娘　也　报了　嗦　日语班、韩语班。
O₅₁，　gek₃₃ shang₄₄ ji₅₅　hhok₂₃　nga₂₂ nyu₅₅ gek₃₃　nin₂₂₃ me₅₅
deu₃₃ ghek₃₁，　ak₃₃ lak₅₅　gong₃₃ si₅₅ gek₃₃　ji₃₃ ghok₃₁
xio₃₃ nian₄₄　hha₂₂₃　bao₅₅ lek₃₃　sok₅₅　shok₂₂ nyu₄₄ be₅₅、
hhai₂₂ nyu₄₄ be₅₅。

◇ 现在竞争那么厉害，多学点总是好的！

辫晌　竞争　介　结棍，　多学眼　总归是　好个！
Gek₃₃ shang₄₄　jhin₂₄ zen₃₃　ga₅₁　jik₃₃ gun₄₄，　deu₅₅ hhok₃₃ nge₃₁
zhong₅₅ guai₃₃ shi₃₁　hao₅₅ ghok₃₃！

常用词语

平常日脚　pin₂₂ shang₅₅ nik₃₃ jik₃₁ 平时。

学说宁波话

罪过 shai₂₄ geu₃₃ 可怜。
着力 jhik₂₂ lik₄₄ 累。
阿爹 ak₃₃ dia₅₁ 爸爸。
一晌 yik₂₂ shang₃₅ 一会儿。
小娘 xio₃₃ niang₃₅ 小姑娘,女孩子。
结棍 jik₅₅ ghun₃₃ 厉害。
总归 zong₅₅ guai₃₃ 总。

语法要点

1. 嗦有介+形容词+啦表示反问。如:"其嗦有介好看啦!"(她有那么好看吗?)"我嗦有介空啦?"(我有那么空吗?)

2. 宁波话"犯规 fhe₂₄ gue₃₃",单独用表示"有麻烦"。如:"侬犯规咮。"(你有麻烦了。)"其个晌读书真正犯规。"(她现在学习真的很麻烦。)"犯规"用在形容词前表示"非常",如:"我一抢犯规忙咮。"(我这一阵子非常忙。)

3. 宁波话在表示"快要……"时,"快"放在动词后。如:"其要读书快咮。"(她快要上学了。)"侬要考试快咮。"(你快要考试了。)

4. 宁波话在表示被动时,"被"字常常可以省略。如:"我考也烤焦快咮。"(我考也快被考焦了。)

宁波老话链接

三分靠教,七分靠学 se₃₃ fen₄₄ kao₃₃ gao₄₄, qik₅₅ fen₃₃ kao₃₃₅ hhok₂₃ 意为学习不能完全依赖老师,主要还要靠自己努力。

木勿凿勿通,人勿学勿懂 mok₂₃ fhek₂₂ zhok₃₅ fhek₂₃ tong₅₁,

nin_{223} $fhek_{22}$ $hhok_{35}$ $fhak_{22}$ $dong_{23}$ 意为人要明理就得学习。木,木料;通,凿通,比喻开窍;学,学习知识;懂,明理、解惑。

活到老,学到老,还有三样哝没学到 $whek_{23}$ dao_{335} lao_{335} , $hhok_{23}$ dao_{335} lao_{335} , $hhai_{22}$ yhu_{44} se_{33} yan_{35} m_{55} mek_{31} $hhok_{23}$ dao_{335} 意为学无止境。三样,多样,比喻学不完。

第二十课 入境出国

 出国求学

◆ 老李,听说你女儿要出国留学啦?
  老李, 听讲 傌囡 要 出国 留学 啦?
  Lao₂₂ li₃₅, tin₃₃ gang₄₄ nak₂₂ noe₃₅ yo₃₃₅ cok₃₃ gok₅₅ lyu₂₂ hhok₅₅ la₃₁?

◇ 还没呢!我打算让我女儿国内的AP班先读两年。
  还灭唻! 我 打算 讴 阿拉囡 国内个 AP班 先 读两年。
  Hhak₂₂ mik₅₅ lei₃₁! Ngo₂₂₃ da₅₅ soe₃₃ oey₃₃₅ ak₃₃ lak₅₅ noe₂₂₃ gok₅₅ nai₃₃ gek₃₁ A₃₃P₄₄be₅₅ xi₅₁ dhok₂₂ lian₅₅ ni₃₁。

◆ AP班是专门为出国准备的是吗?
  AP班 是 专门 为 出国 准备个 是勿?
  A₃₃P₄₄be₅₅ shi₂₂₃ zuoe₃₃ men₅₁ whai₂₂₃ cok₃₃ gok₅₅ zong₅₅ bhai₃₃ ghok₃₁ shi₂₄ fhak₃₃?

◇ 是的,AP班国内的课程要读,国外的课程也要读的。
  是个, AP班 国内个 课程 要读, 国外个 课程 也要 读个哦。
  Shi₂₂ hhek₅₅, A₃₃P₄₄be₅₅ gok₅₅ nai₃₃ gek₃₁ keu₃₃ jhin₃₅ yo₃₃₅

dhok₂₃, gok₅₅ na₃₃ gek₃₁ keu₃₃ jhin₃₅ hhak₂₂ yo₄₄ dhok₂₂ ghek₃₃ o₃₅。

◆ 这倒是挺好的,你女儿打算去哪个国家留学呢?

个 倒是 蛮好个, 倷囡 打算 到 阿里只 国家 留学捏?

Gek₅₅ dao₃₃ shi₄₄ me₅₅ hao₃₃ ghok₃₁, nak₂₂ noe₃₅ da₂₂ soe₄₄ dao₃₃₅ ak₃₃ li₅₅ zak₃₁ gok₃₃ jia₄₄ lyu₂₂ hhok₃₃ nie₃₅?

◇ 她想去美国,她喜欢美国文化。

其 想到 美国去, 其 欢喜 美国 文化。

Jhi₂₂₃ xian₃₃ dao₄₄ mai₂₄ gok₃₃ qi₃₁, Jhi₂₂₃ fu₃₃ xi₄₄ mai₂₄ gok₃₃ fhen₂₂ ho₃₁。

◆ 挺好的,现在年轻人出去很多的,回来眼界就不一样了。

蛮好个, 辩响 年轻人 出去 蛮多个, 回来 眼界 就各样 唻。

me₅₅ hao₃₃ ghok₃₁, gek₃₃ shang₃₅ ni₂₂ qin₄₄ nin₇₅ cok₃₃ qi₃₅ me₅₅ deu₃₃ ghok₃₁, whai₂₂ lei₅₁ nge₂₄ ga₅₃ jhu₂₂₃ gok₅₅ yhan₃₃ lei₃₁。

 办理签证

◆ 我要去一趟日本。

我 要 到 日本 去一埭。

Ngo₂₂₃ yo₃₃₅ dao₃₃₅ shok₂₂ ben₃₅ qi₅₅ yik₃₃ dha₃₁。

◇ 你是公派出去还是因私出国?

倷 是 公派 出去 还是 因私 出国?

Neu₂₂₃ shi₂₂₃ gong₃₃ pa₄₄ cok₃₃ qi₄₄ hhak₂₂ shi₄₄ yin₃₃ si₄₄ cok₃₃ gok₅₅?

◆ 因私,我要到日本去旅游。

因 私，我 要到 日本 去 旅游。
Yin₃₃₅ si₅₁， ngo₂₂₃ yo₄₄ do₃₃₅ shek₂₂ ben₄₄ qi₇₂₅ lyu₂₂ yhu₄₄。

◇ 你要先到单位打收入证明，到银行存五万以上保证金，再填这两张表格，贴好照片。

侬 要 先到 单位 打 收入证明， 到 银行 存 五万 以上 保证金， 再 捞两张 表格 填填 好， 照相 贴 带好。

Neu₂₂₃ yo₃₃₅ xi₅₅ dao₃₁ de₃₃ whai₄₄ da₃₃₃₅ xu₃₃ shok₅₅ jin₃₃ min₃₁， dao₃₃₅ nin₂₂ hhang₄₄ chen₅₅ n₂₄ fhe₃₃ yhi₂₂ shang₄₄ bao₃ jin₄₄ jin₅₅， ze₅₁ ghek₂₂ lian₂₄ jian₅₁ bio₅₅ gak₃₃ dhi₂₂ dhi₄₄， hao₃₃₅， jio₅₅ xian₃₃ tik₂₂ da₅₅ hao₃₁。

◆ 那么复杂啊！

介 复杂啊！
Ga₅₁ fok₃₃ zha₄₄ a₅₅！

◇ 你也可以委托旅行社代办。

侬 也 可以 委托 旅行社 代办。
Neu₂₂₃ hhak₂₂₃ keu₅₅ yhi₃₁ wai₃₃ tok₄₄ lyu₂₂ yhin₅₅ sho₃₁ de₂₂ be₄₄。

◆ 好的，谢谢！

好个， 谢谢！
Hao₅₅ ghek₃₃， xhia₂₂ xhia₄₄！

出入海关

◆ 你好，麻烦给我看一下护照。

侬 好， 麻烦 护照 拨我 看看。
Neu₂₂₃ hao₃₃₅， mo₂₂ fhe₄₄ whu₂₂ jio₄₄ bek₃₃ ngo₄₄ ki₅₅ ki₃₁。

◇ 好的。
   好个。
   Hao$_{33}$ ghok$_{44}$。

◆ 入境表格填好了吗?
   入境 表格 填好了勿?
   Shok$_{22}$ jin$_{44}$ bio$_{55}$ gak$_{31}$ dhi$_{22}$ hao$_{55}$ lek$_{33}$ fhak$_{31}$?

◇ 填好了,我是法国人,我到宁波来签合同。
   填好咪, 我 是 法国人, 我 来 宁波 来 签 合同。
   Dhi$_{22}$ hao$_{55}$ lei$_{31}$, ngo$_{223}$ shi$_{223}$ fak$_{33}$ gok$_{44}$ nin$_{55}$, ngo$_{223}$ lei$_{335}$ nin$_{33}$ beu$_{44}$ le$_{335}$ qi$_{51}$ hhak$_{22}$ dhong$_{35}$。

◆ 你在宁波要待多久?
   侬 来 宁波 要 囤 多 长 辰光?
   Neu$_{223}$ lei$_{223}$ nin$_{33}$ bok$_{55}$ yo$_{335}$ dhen$_{223}$ deu$_{335}$ jhian$_{223}$ shong$_{22}$ guang$_{44}$?

◇ 大约两星期。
   大约摸 两礼拜。
   Dheu$_{22}$ yak$_{55}$ mok$_{31}$ lian$_{24}$ li$_{33}$ ba$_{31}$。

◆ 你有什么东西要申报吗?
   侬 有 嗦东西 要 申报勿?
   Neu$_{223}$ yhu$_{}$ sok$_{55}$ dong$_{33}$ xi$_{31}$ yo$_{335}$ song$_{55}$ bao$_{33}$ fhak$_{31}$?

◇ 我带了一台手提电脑,要申报吗?
   我 带了 只 手提电脑, 要 申报 勿?
   Ngo$_{223}$ da$_{33}$ lak$_{55}$ zak$_{55}$ xu$_{55}$ dhi$_{33}$ dhi$_{33}$ nao$_{31}$, yo$_{44}$ song$_{55}$ bao$_{33}$ fhak$_{31}$?

◆ 要的,你填一张表格。
   要个哦, 侬 表格 填张。
   Yao$_{55}$ ghek$_{23}$ hho$_{31}$, neu$_{223}$ bio$_{55}$ gak$_{33}$ dhi$_{24}$ jhian$_{33}$。

◇ 好,谢谢!

113

好，谢谢！
Hao$_{51}$， xhia$_{22}$ xhia$_{44}$！

 常用词语

听讲 tin$_{33}$ gang$_{44}$ 听说。
各样 gok$_{55}$ yhan$_{33}$ 不一样。

 语法要点

1. 表示将来发生，在动词前用"要"表示。如："听讲傺囡要出国留学啦？""我要到日本去趟。"

2. 各样 gok$_{55}$ yhan$_{33}$ 表示不一样。左样 zeu$_{55}$ yhan$_{33}$ 表示一样。如："其得侬各样个哦。"（她和你不一样）"傺挎件衣裳得其左样个哦。"（你这件衣服和她的一样。）

3. 宁波话动词后面可省略"一"直接加量词。如："侬表格填张。"（你填一张表格。）"我面吃碗。"（我吃一碗面。）

 宁波老话链接

开道门，多道风 ke$_{33}$ dhao$_{44}$ men$_{223}$，deu$_{33}$ dhao$_{44}$ fong$_{51}$ 比喻多一个社会关系多一分麻烦。

包袱雨伞我 bao$_{33}$ fhok$_{55}$ yhu$_{24}$ she$_{33}$ ngo$_{223}$ 意为：出门三要素，件件要安全。

附录：宁波特色旅游景点一览

一、三江口、中山街——宁波城市的脸面

三江即姚江、奉化江、甬江。三江口曾是宁波古城的门户,三江口有千年国际港口文化,这里也是一部直观的浙东建筑史,有3处国家级文保单位(钱业会馆、天主教堂、庆安会馆),1处市级历史文化保护区(江北外马路一带),多处市级文保单位,有多个年代、各具特色的建筑。

二、宁波天一广场

宁波天一广场被称为"中国商业特色街"、"宁波商业航母",也是"城市客厅"。坐落在甬城最繁华的商业中心,东起日新街,西至开明街,北沿中山路,南临药行街,总面积19.3万平方米。广场设计体现了人文与自然、时尚与经典的结合。中心广场面积3.5万平方米,水体面积6000平方米,主体由22幢风格迥异、各具特色的低层全通透玻璃外墙建筑组成,沿中心广场环形布局。这里是以国际名品为龙头,综合百货为配套的中高端购物中心区。天一广场有着号称"亚洲第一"的音乐喷泉和水幕电影,还有药皇殿和天主教堂。

三、鼓楼

又称"海曙楼",是宁波唐时正式置州治机构和建立城市的标志,这是宁波市唯一的古城楼遗址。"谯楼鼓角晓连营",元代诗人陈孚的诗句,体现了鼓楼在我国历史上的特殊地位。鼓楼现存楼阁为清咸丰五年(1855)建。民国二十四年(1935),在鼓楼三层楼木结构的建筑中间,建造了水泥钢骨正方形瞭望台及警钟台,并置标准钟一座,四面如一,既能报时,亦可报火警。

学说宁波话

鼓楼如今已被改造成集商业、文娱、休闲于一体的步行街综合功能区。走进鼓楼城门公园路,大街小巷迂回曲折,天桥、连廊围环纵横,楼宇飞檐翼角,牌坊古朴多姿,马头墙、青屋瓦……游客迈步鼓楼步行街可欣赏历代古玩珍品,品尝风味小吃,浏览古籍,漫步园林,寻踪历史陈迹,还可登楼抒发思古之幽情。

三、甬江桥西岸宁波老外滩

外马路历史街区是国家4A级旅游景区,是浙东最早的"外国人居留地",是宁波"老外滩",开埠时间要早于上海外滩20年。1840年,一阵炮火后,海外列强携带着西洋文化随潮涌入。这里率先有了近代特色的"马路""洋房":英国领事馆(1841年建)、浙海关(1861年建)、天主教堂(1872年建)、耶稣堂(1898年建)、宁波邮局、日本水上司令部(民国初年建)等建筑物是那段民族屈辱历史的见证。如今在保留老外滩历史风貌的基础上,植入了新都市文化,开创了国内以街区地产为概念的先河,囊括了居住、商业、会所、办公、餐饮娱乐、展览等地产的所有功能。

四、中国古县城标本——慈城

"北有山西平遥,南有宁波慈城"。宁波江北区的慈城,从唐开元二十六年(738)奏置慈溪县的当年,首任县令房琯便从句章故地迁慈溪县至慈城,直至1954年,慈溪县城被迁往浒山镇。而今慈城是中国难得一见的保留完好的古县城之一,"千年古县城,百年老外滩",成为宁波江北区中西文化交汇的独特历史文化名城景观。慈城有保存完好的建于北宋雍熙元年(948)的孔庙、建于唐开元二十六年(738)的县衙、封建科举制童试之地的校士馆(建于清道光十五年)、以及建于唐天宝八年(749)的清道观等。慈城古建筑群曾获联合国文化遗产保护荣誉奖。

五、江南文化古镇——宁海前童

前童,地处浙江省宁海县西南,为全国历史文化名镇,其始建于南宋绍定六年(1233),盛于明清,以民居布局奇特、明清古建筑群保存完善以及人才辈出而闻名遐迩,至今仍保存有1300多间各式古建民居。这里,"家家有雕梁,户户有活水"。白溪水缘渠入村,汩汩溪水挨户环流,为江南集镇独特之奇观。八卦水系,哗哗鸣唱,幽幽潜行,流遍家家户户,不是水乡,胜似水乡。

前童南岙山麓有明初儒士童伯礼营建之石镜精舍,方孝孺曾在此讲学。塔山、鹿山峙立东西两侧,景色秀丽。孝女湖、庙湖、致思厅、学士桥、南宫庙等古迹,今尚存。明初方孝孺所设计之童氏宗祠建筑,仍大致完好。明洪武年间所建的宗祠,已引起省内外专家的高度重视和大众的赞赏。鹿山有革命烈士墓及碑亭。

前童镇目前已基本形成了以传统建筑风貌和民间生活为特色的历史文化保护区,保护开发了各具特色的传统民居区、梁皇山风景区、石泄龙吟景区和福泉山景区四大旅游景点,吸引着越来越多的国内外游客前来观光。

六、蒋氏故里——奉化溪口

溪口,位于奉化市西北,以剡溪之水而得名。

武岭门是进溪口镇的必经之路,相传在1929年前还是一个小庵堂,旁设茶亭供人歇息。1929年蒋介石将这里改造成三间二房城楼式城门建筑。门额两面都有"武岭"两字,外面是国民党元老于右任先生所写,而里面则是蒋介石自题。之所以将此取名"武岭",是蒋介石为了体现尊重前辈之意。因为其一,蒋介石崇尚武德;其二,"武岭"为陶渊明《桃花源记》中"武陵"的谐音。进武岭门后的三里老街便是蒋介石、蒋经国父子俩从小生活的故乡,沿街有小洋房。进入武岭门左边是文昌阁,右边是武岭中学。

蒋氏故居丰镐房,位于溪口下街。丰镐房原有蒋介石祖传房屋六间。据1948年重修的《武岭蒋氏家谱》第三册记载:"清光绪十四年,公(指蒋介石)2岁,肃庵公由玉泰迁居报本堂之西厢房。"迁居的原因是蒋肃庵(蒋介石父)经商之处玉泰盐铺被火焚毁;西偏房即今报本堂西边的独立小楼。蒋肃庵死后,蒋介石兄弟分家,蒋介卿得重建后的玉泰盐铺,蒋介石、蒋瑞青得丰镐房。蒋瑞青分家不久即亡,丰镐房归蒋介石独有。1928年,蒋介石扩建故居,迁走25户邻舍,发展成占地4800平方米、建筑面积1850平方米的现有规模。

蒋介石别墅妙高台离雪窦山胜景千丈岩约500米,有峰突起,截出万山之表,称"妙高台",又名"妙高峰",或曰"天柱峰"。峰顶有坪如台,东西约13米,南北倍之,前面是悬崖峭壁,三面凌空,下临深渊。登雪窦绝顶俯视,只见平台不见峰,从山下仰望,只见山峰不见台,堪称雪窦山胜景中的一绝。这里海拔396米,气候凉爽,周围松樟翠竹蔽日,脚下山岩奇突多姿,是一个理想的避暑胜地。

溪口景区还有千丈岩瀑布和雪窦寺,历史悠久,非常值得一去。

七、东钱湖——宁波都市的后花园

东钱湖在宁波市东南,"其湖承钱埭之水",故称东钱湖。唐天宝三年(744)县令陆南金浚治开拓;北宋天禧元年(1017)郡太守李夷康重修;庆历八年(1048)县令王安石又加以疏浚,重修湖堤,削除杂草,湖区逐步固定。现湖上有堤,东西长达四公里,湖面划分为二。环湖皆山,溪水七十二条汇集于此,形成一个巨大的天然水库。每逢天旱,开闸放水,可灌溉奉化、鄞县、镇海八乡的农田,又是淡水养殖基地,故又称万金湖。

东钱湖原有陶公钩矶、余相书楼、百步耸翠、霞屿锁岚、双虹落彩、二灵夕照、上林晓钟、芦汀宿雁、殷湾渔火、白石仙砰等十景,各有特色。

春秋时越国大夫范蠡隐退后携西施避居湖畔伏牛山下,晚年自号陶朱公。湖边民居保留了明清江南建筑的风貌,高墙长弄,粉墙黛瓦。

东钱湖周围群山并列,东南方雄峙着福泉山,西北方横亘着月波山,东北方则围以龙蜷山和梨花山、陶公山、百步尖等;四周有七十二条溪汇流于湖。景区内山水相依,清风徐徐。据不完全统计,景区内现存文物古迹十一处,其中国家级重点文保单位两处。宁波商帮、陶朱公、大慈禅寺、左右南宋王朝百年命运的史氏家族等为东钱湖留下了灿烂的商、佛、官文化。

秋季农历九月初十,可参观热闹的东钱湖龙舟节。冬季也有体现当地渔业文化的东钱湖冬捕节。春夏秋景色各异,还可以泛舟湖上,很是惬意。

八、四明山国家森林公园

四明山又名句(音 gou)余山,分布在宁波市西部,因其大俞山峰顶有个"四窗岩",日月星光可透过四个石窗洞照射进去,故称"四明山"。

四明山国家森林公园位于四明山腹地的余姚、鄞州、奉化、嵊州、上虞五市区,总面积6665公顷。公园多低山丘陵,山峰起伏,岗峦层叠,海拔在600~900米之间,主峰金钟山海拔1018米。其主要景点有:仰天湖、商量岗、深秀谷、鹁鸪岩水帘洞、黄宗羲纪念馆等。公园内可晨观日出,夕眺晚霞,阴看云海蜃楼,冬赏雪景雾凇。雾凇出现于公园内的各个景区,为华东一带罕见的天象景观。

四明山曾是全国十九个革命根据地之一,也是中国南方七大游击区之一。

在抗日战争时期和解放战争时为中国的革命事业作出了不可磨灭的贡献。

九、天一阁藏书楼

天一阁博物馆位于宁波市内的月湖西岸,是我国现存最古老的私人藏书楼。天一阁是明朝嘉靖年间卸任官员范钦所建的藏书处,建于嘉靖四十年至四十五年(1561—1566)楼中摆放着古籍与书案,处处充满着厚重的书香气息。博物馆其实是座江南园林,园区内的东园和南园错落有致地分布着假山、池塘、亭台等景致,走在古朴的砖木长廊内,远离喧嚣都市,可感受清幽的环境。园内建有明州碑林,数百通石碑记载了古代官方的教育史。还有书画馆,时常会展出天一阁所藏历代书画精品和名人雅士的书画佳作。园区内另有天一阁建成之前的藏书处"东明草堂"、展示宁波民居建筑特色的"秦氏支祠"以及范氏故居等建筑。而在麻将陈列馆中则可看到形形色色的麻将牌,可了解到麻将文化的起源与发展。天一阁藏书楼是宁波市标志性建筑之一。

十、百战胜地 万事福地——招宝山

招宝山地处镇海关隘、甬江咽喉、海防要塞,素有"浙东门户"之称,是集海天风光、人文景观、海防遗址、宗教文化、状元文化及院士文化于一体的综合性游览景区。招宝山古称侯涛山,又名鳌柱山。侯涛即由"波涛汹涌,惊浪拍天"得名;鳌柱皆因山巅原建有"插天鳌柱塔";招宝则是"南舶所经,百舲交集",寓有"招财进宝"之意。

南吞甬江,北临东海,西接古海塘,与南岸的金鸡山隔江相对,是六邑之咽喉,"全浙江之关键"的水陆要冲。自唐宋以来,镇海一直为中国海防和商贸重镇,是著名的海上丝绸之路始发港。

招宝山景区由 15 个风景点和纪念地组成,即:威远城、安远炮台、吴公纪功碑亭、巾子山、第一山碑、半山亭、揽江台、棋子坪、明清碑碣、宝陀禅寺、观音阁、宝泉池、摩崖石刻、紫竹林、登云坊。景区内建有海防历史纪念馆,为全国爱国主义教育示范基地。

十一、河姆渡遗址博物馆

河姆渡遗址位于余姚市河姆渡镇(1954 年前属于浙江慈溪市),面积约 4 万

平方米,1973年开始发掘,是中国已发现的最早的新石器时期文化遗址之一。河姆渡遗址博物馆座落在风景秀丽的四明山北麓,由博物馆和遗址展示区两部分组成。

博物馆主体建筑造型根据7000年前河姆渡"干栏式"建筑"长脊、短檐、高床"的风格和特点设计,构筑出高于地面的架空层,人字形坡屋面上耸起5~7组交错构件,象征着早期榫卯木作技术,再配以土红色波纹陶瓦、炒米黄墙面,显得古朴、野趣,与河姆渡文化融为一体。序厅屋面形似展翅翱翔的鲲鹏,表现了河姆渡先民爱鸟、崇鸟的文化习俗。四栋复原的"干栏式"建筑古朴、野趣,再现了河姆渡人高超的建筑技术。室内外布置着各类生活、生产场景,妇女们纺纱织布,男人们斫木盖房;有的磨制骨器,有的和泥制陶,有的凝神雕刻。水田、古井、埠头、祭祀广场等原始场景反映了早期的原始聚落风貌。倘佯在遗址公园,面对着这些河姆渡人创造的原始文明,耳边仿佛传来河姆渡人用那骨哨吹奏的悠长的曲调,在向你倾诉着那段历史,不由使人思绪绵绵。

十二、梁祝文化公园

梁祝文化公园位于鄞州区高桥镇,为晋代梁祝墓、庙古遗址所在地。梁祝文化公园是一座爱情主题公园,是梁祝故事的发源地。梁祝故事起源于东晋,距今有1600多年的历史。据全国众多地方志及宁波史料记载,梁山伯乃绍兴会稽人士,与祝英台三载同窗,其曾任浙江宁波鄞县(即现今鄞州区)县令,后因治理姚江积劳病逝,遗命安葬于高桥九龙墟(今梁祝公园)。1997年,梁山伯古墓遗址和出土文物在梁祝公园被发掘。

梁祝文化公园以梁祝爱情传说作为美丽的故事背景,向人们展示了"东方罗密欧与朱丽叶"绚丽多姿的一页。公园以梁山伯庙为主体,梁祝故事为主线,由观音堂、夫妻桥、恩爱亭、荷花池、九龙潭、龙嘘亭、百龄路、梁祝化蝶雕塑、大型喷泉广场、万松书院、梁圣君庙等众多景点组成。各种江南仿古建筑,依山托水,形成园中有园、动静结合的格局,掩映在花影树荫之间,错落有致,别有情趣。

十三、天童古寺

天童寺,位于宁波市东25公里的太白山麓,始建于西晋永康元年(300),佛教禅宗五大名刹之一,号称"东南佛国",与镇江金山寺、常州天宁寺、扬州高旻寺并称禅宗四大丛林。全寺占地面积7.64万余平方米,有殿、堂、楼、阁、轩、寮、居30余个,计999间。寺院坐落在层峦叠嶂的太白山下,"群峰抱一寺,一寺镇群峰",东、西、北三方有六峰簇拥。背枕巍巍主峰太白峰;左依东峰、中峰、乳峰;右靠钵盂峰,圆秀突起,状如覆钵,聿旗峻险,似旌展扬。

天童寺创建距今已有1700多年历史,是宁波东部地区最著名的两大古代寺庙之一(另一座为阿育王寺)。僧人义兴云游至南山之东谷,见此地山明水秀,遂结茅修持,当时有童子日奉薪水,临辞时自称为"太白金星"化身,受玉帝派遣前来护持。自此山名"太白",寺曰"天童"。

十四、阿育王寺

阿育王寺位于鄞州区五乡镇宝幢太白山麓华顶峰下,始建于西晋武帝太康三年(282),至今已有1700多年历史。阿育王寺是中国现存唯一以印度阿育王命名的千年古寺。这里的舍利殿供奉着舍利子,因此在佛教界拥有着很高的地位,素有"震旦圣地"和"东南佛国"之称,是我国佛教"中华五山"之一。为全国重点文物保护单位。

阿育王寺现占地面积12.41万平方米,现存殿、堂、楼、阁600余间,依山坡构筑。大雄宝殿系清康熙年间重建,殿上有乾隆书"觉行俱圆"匾。舍利殿始建于1678年,重檐,黄色琉璃瓦盖顶,石雕舍利塔一座,内置七宝嵌镶塔亭,塔身青色,五层四角,四面窗孔,每层雕菩萨神像,内顶悬宝磬,舍利珠挂在其中。寺内有全省仅存的两座元塔,砖木结构,仿楼阁式,六面七层,每层置腰檐、平座,底层四周有围廊。

阿育王寺内较完整地保存着历代碑碣、石刻、匾额以及经藏古籍等文物。有唐范的书"阿育王寺常住田碑"、宋苏轼书"宸奎阁碑铭"、宋张九成撰书的"妙喜泉铭"和元、明、清历代碑额现代碑刻58块,有展雕四天王右像、唐贯休画十六尊者石刻、殿内栋上有宋高宗的"佛顶光明之塔"、宋孝宗御书"妙胜之御"、清乾隆御笔"觉行俱圆"等许多匾额和藏经楼上清雍正版本《龙藏》7247卷、《碛砂版大藏经》等珍品。其中以《阿育王寺常住田碑》《宸奎阁碑记》和《妙喜泉铭》最为珍贵。

十五、浙东大峡谷

浙东大峡谷位于宁海县境内,规划总面积约160平方公里,核心景区30多

学说宁波话

平方公里,距宁波114公里,是一处以自然山水风光为依托,以道家和台岳文化精粹为内涵,以青山绿水、奇峰怪石、溪流飞瀑、原始森林和现代游乐为特色的生态风景区。

景区拥有六曲溪、十八雄峰、二十八水洞、七十二瀑布,以"峰险、谷幽、水绝、石奇、根玄、雾幻"著称,以其"原始、神秘、野性、雄奇"征服所有慕名来访的中外游客。

浙东大峡谷分为八大景区,目前已建成开放的有:大松溪峡谷、双峰国家森林公园和飞龙湖三大景区。大松溪峡谷东迎大海伴日徐来的紫气,西承雪山沿脉而下之灵气,是天台山脉最佳的修炼养真之处,为道家之洞天福地。至今,仍是人迹罕至的世外桃源。李白笔下"半壁见海日,空中闻天鸡""霓为衣兮风为马……仙之人兮列如麻"的景观就在峡谷内天姥峰、聚仙坪一带。

传说中菩萨手中净瓶流出来神奇的"天水"在此幻化为峡谷水景三绝——金黄色的黄板滩、碧绿色的翡翠潭和流光溢彩的七色潭,拥有九寨沟的风情。浪漫素雅的月亮谷是游峡谷必到之处,狭窄悠长的峡谷两边各有一个天然的圆月型洞府,一半在水上,一半在水下;晚上,天上明月当空,水中月影迷离,四月齐聚,火把隐约,乘上竹筏,浮舟缓进,实有"小三峡"之韵味……